이어 쓰는,
마음 흔적

머무는 마음과 남기는 시간

변수아 에세이

"너는 세상이 내게 건넨 가장 따뜻한 선물이야."

우린 항상 네 편이야!

넘어져도 괜찮아. 용기 내 봐.

언제든 머물다 가렴.

잘 하고 있어. 너를 믿고 응원해.

행복하고 건강하길 기도해.

조금 쉬어가도 돼

혼자가 아니야. 우리가 곁에 있단다.

시련은 힘이다!

"

저는 평범한 엄마입니다
하지만, 부모에게 세상의 모든 자식은 특별합니다

특별한 내 아이를 위한 따뜻한 안내서
그 소중한 이야기를 남기려고 글을 썼습니다

여러분도
지혜, 추억, 그리고 인생을
자녀에게 전해주세요

진심 어린 목소리가
글이 되어 이 책에 함께 머문다면
그 향기는 오랫동안 기억될 것입니다

'내가 그리울 때, 나의 향기가 너에게 닿기를'

Prologue 1

부모님이 남긴, 당신 만을 위한 안내서

For. 자녀 독자

요즘은 어떤 제품을 사도 설명서는 달랑 한 장.
"웹사이트를 참고하세요."
"QR코드를 찍어보세요."
링크를 따라가 앱을 깔면 다양한 정보가 나옵니다. 비슷해 보이는 물건도, 그 뒤에는 다른 배경과 구조가 있고, 작동 방식도, 고장 났을 때의 대처법도 다릅니다. 처음에 문제가 생기면 설명서를 따라 해결할 수 있지만, 시간이 지나면 링크는 사라지고, 설명도 더는 찾을 수 없게 됩니다.

우리의 삶도 비슷합니다.
한 사람, 한 사람, 각기 다른 모습과 속도로 세상을 살아가지요. 겉보기엔 비슷한 방식으로 사는 것 같지만, 누구에게나 저마다의 배경이 있고, 넘어지고, 삶을 견디며, 배운 것도 일어서는 이유도 모두 다릅니다.
인생에는 하나의 정답이 없기에, 부모는 언제나 자녀가 길을 잃었을 때 다시 돌아올 수 있는 방법을 알려 주고 싶어 합니다.

하지만, 걱정하며 한 조언이 잔소리가 될까 망설여집니다. 말이 길어지면 외면당할까 주저하며 쉽게 꺼내지 못합니다. 때로는 깊은 뜻을 자식이 아직 모를 수도 있습니다. 곁에서 설명해주면 좋을 텐데, 부모가 늘 곁에 있어 줄 수 없다는 사실이 안타깝습니다. 말로 다 전하지 못한 마음, 미처 설명하지 못한 순간들이 어느 날, 예고 없이 우리의 삶에 찾아올지도 모르기에… 이 책을 만들게 되었습니다.

책에는 지금 글을 읽고 있는 여러분 가족의 소중한 이야기가 함께 담길 것입니다. 삶의 갈림길에서 어디로 걸어가야 할지 막막할 때는 작은 안내서가 되어 길을 비춰 주고, 문득 엄마 아빠가 그리워질 때는 추억을 불러와 곁에 있는 듯한 책으로 남기를 바랍니다.
마음이 흔들릴 때마다 꺼내 읽으며 힘을 얻고, 그리움이 깊어질 때마다 다시금 기억 속 온기를 느낄 수 있는 선물이 되기를 소망합니다.

머무는 글들은 때론 조언이고, 때론 후회이고 추억이며, 어쩌면 마지막으로 건네는 편지일지도 모르겠습니다.
강요도, 정답도 없습니다.
그저 여러분을 얼마나 사랑했는지, 그 사랑이 어떤 모습으로 남겨졌는지 언젠가 느낄 수 있다면 충분합니다.

 당신을 가장 잘 알고
가장 아끼는 존재가
오직 한 사람만을 위해 남긴 변치 않는 목소리를
삶의 소리에 묻혀 마음의 소리를 잃어버린 어느 날, 아련히 들을 수 있기를 바랍니다.

Prologue 2

자녀에게 전하는 인생의 따뜻한 안내서

For. 부모 독자

저는 대학생 아들을 둔 워킹맘입니다.
남편과 함께 하루하루를 성실하게 살며, 부모님을 돌보는 중년의 딸이기도 하지요.

어느 날, 조용히 성경을 필사하시는 친정어머니와 불경을 따라 쓰시는 시어머니의 모습을 보고, 생각했습니다.
"삶을 남겨줄 수 있다면, 얼마나 귀한 기록일까."
그날 이후 저는 두꺼운 노트를 준비해 손 글씨로 질문을 적은 수제 일기장을 만들어 부모님께 선물했습니다. 알고 싶고, 듣고 싶은 이야기를 묻고, 삶을 꺼내어 적을 수 있도록 여백을 마련했습니다.

되돌려주신 노트 속에는 제가 전혀 알지 못했던 부모님의 마음, 그리고 따뜻한 이야기가 담겨 있었습니다. 그제야 알게 되었습니다. 부모라 해도, 나와는 다른 기억을 품고 있을 수 있다는 것. 그리고 내 아이 역시, 나를 모를 수 있다는 사실을요.
묻지 않으면, 끝내 닿지 못할 이야기들이 있었습니다.

그 마음을 모아, 책이라는 이름으로 담아 봅니다.
카톡 하나로 안부를 전하고, 핸드폰 사진 한 컷이면 순간을 남길 수 있는 시대지만, 손으로 쓴 글이 더 오래 남는다는 걸 믿기에. 세월이 흘러 종이는 바랠지 몰라도, 마음과 지혜를 담은 손 글씨 한 줄은 자녀에게, 그리고 그들의 아이들에게도 가장 진실 어린 사랑으로 전해질 것입니다.

　책에는 여러분이 채워야 할 공간이 남아 있습니다.
글을 따라가며 자연스럽게 추억을 떠올리고, 편안히 꺼내어 적고 나눌 수 있는 삶의 조각 하나쯤 찾을 수 있기를 바랍니다. 화려하거나 긴 문장이 아니어도 괜찮습니다. 이야기하듯 담담하게, 전하고 싶은 인생의 장면과 지혜를 남기면 충분합니다.
그 속에는 당신의 흔적과 숨결, 삶의 지혜와 사랑이 담길 것입니다. 언젠가, 아이들이 길을 잃고 마음 시린 날, 남겨둔 한 줄의 글이 손난로처럼 작은 온기가 되어 마음을 감싸주기를 진심으로 바랍니다.

　자, 이제 당신의 마음 흔적을 천천히 남겨주세요.

차례

프롤로그
1 자녀 독자   5
2 부모 독자   9

이야기 1. 따뜻한 잔소리

행복 : 행복? 그냥 그런 날이 가장 좋았다.   16
독서 : 보물섬에서 찾은 길   24
언어 : 말의 힘   36
끈기 : 천천히, 묵묵히, 매일 '쌓임'이 만드는 길   48
욕심 : 저는 병원의 청각사입니다.   56
친구 : 진정한 벗, 망년우   68
배움 : 배움으로 채우는 삶, 넓어지는 인생길   76
소유 : 비움과 채움, 그 안의 균형   94

이야기 2. 듣고 싶은 우리 이야기

첫 번째. 기억의 조각을 주워 담아요   108
두 번째. 마음이 말을 걸어올 때   110
세 번째. 내 안의 또 다른 나에게   112
네 번째. 소소한 취향   114
다섯 번째. 나에게 남기는 글   116

이야기 3. 가족의 시간 속, 발자국

결혼 : 결혼식 흑역사	118
부부 : 다름에서 닮음으로	128
자식 : 작은 아이의 마음, 그 너머 흐르는 사랑	138
성장 : 서툰 부모, 이제야 까치발로 너의 눈높이에 서 본다.	148
시련 : 그날의 숨결, 그리고 다시 시작된 삶	156
독립 : 성인 자녀와 지켜야 할 여백, 한 칸	170
부모: 당신을 닮아가는 슬픈 기쁨	180
노년: 내 나이 여든에는, 향기 나는 어른이고 싶다.	186
엔딩: 잘 살다, 잘 간다	200

이야기4. 남은 이야기

특별한 가족 이야기, 딱지	210
엔딩노트 걱정하지 말고, 대비하자.	221
1 사전연명의료의향서	226
2 사망 시 법적 절차	228
3 유언장	230
4 상속	233
5 성년후견인제도	238
6 사전연명의향서 견본	244
7 자필 유언장 작성해보기	247

작은 족보	249
세상의 딸, 아들에게	254
나의 자녀에게	258

에필로그   260

이야기 1
따뜻한 잔소리

행 복

행복?
그냥 그런 날이 가장 좋았다.

오늘도, 아보하

오랜 시간 보청기 상담을 하면서, 숙제처럼 느끼는 어머니 한 분이 계신다. 여든을 훌쩍 넘긴 어머니는 한없이 여리셨고, 평소에 가족들로부터 소외감을 느껴서 우울해하시는 분이었다. 잊을 만하면 찾아와서 보청기가 잘 들리지 않는다며 하소연을 하시지만, 정작 나와는 한참 동안 이런저런 대화를 나누다 가시는 분이었다. 긴 수다를 마치면 매번 같은 말씀을 남기셨다.
"원장님, 원장님하고는 이렇게 대화가 편한데... 다른 사람과 대화는 목소리가 커도 무슨 말인지 하나도 못 알아듣겠어요. 아이고, 자꾸 와서 미안해요. 고마워요."

어쩌면, 어머니는 소리가 들리지 않아서가 아니라 이야기를 나눌 상대가 필요해서 나를 찾았는지 모르겠다. 어느새 '청각 상담'이 아니라 '마음 상담'을 받으러 오시는 분이 되었다.

행복? 그냥 그런 날이 가장 좋았다.

그날도 어머니가 오셨다.
하지만 평소와는 전혀 다른 모습이었다. 순하던 얼굴에 화가 잔뜩 서려 있었고, 1년 전 정부 보조금으로 새로 맞춰 드린 보청기를 당장 바꿔 달라며 거세게 항의하셨다. 순간, 직감했다.
'지금 어머님의 정신이 맑지 않을 수도 있겠다.'
불편을 해결해 드리려고 몇 번의 대화를 시도해 봤지만, 예전 같지 않았다. 그때부터 이야기의 방향을 바꿨다. 이럴 때, 내 방은 '청각상담실'에서 '인생상담실'로 가끔씩 변신을 한다.

"요즘 어머님, 어떤 순간에 행복하세요?"
조심스럽게 물었다.
"마음이 답답할 땐 성경책을 읽어보시면 어떨까요?"
"날씨가 포근해지는데, 동네 한 바퀴 가벼운 산책은 어떠세요?"
어머님은 하나하나 고개를 저으셨다.
"그냥 누워서 눈 감고 있는 게 제일 좋아. 근데 그것도 하루 이틀이지. 계속 그러다 보니 그냥... 그대로 죽었으면 좋겠단 생각이 들어."
"성경책은 10분만 봐도 눈이 아파서 도저히 못 보겠어. 못 봐."
"산책도 못 해. 고관절이 아파서 몇 걸음만 걸어도 힘들어."
그리고 한 마디 덧붙이셨다.
"아, 한약을 먹으면 이게 다 나아질까?" 멋쩍게 웃으셨다.

마음을 다잡고, 천천히 시선을 마주치며 말했다.
"자, 어머님 이렇게 생각을 해 보자고요. 책을 십 분이라도 읽을 수 있음에 감사하고, 많이 걷진 못해도 동네 벤치에 앉아 봄이 오는 냄새와 포근함을 느낄 수 있음에 감사하고, 저와 이렇게 이야기를 편히 나눌 수 있을 만큼은 귀가 들리니 그 또한 얼마나 감사한가요. 오랜 세월 살아오신 분이라 잘 아시잖아요. 행복도 불행도, 한 끗 차이고 다 마음에서 오는 거라는 걸요. 그래서 어떻게 조절해야 하는지도 말이에요."

이야기를 듣던 어머님은 조금 민망한 듯, 입가에 웃음을 머금으셨다.
"이렇게 이야기 나누며 웃고 계신 모습을 보니, 제가 어머님 옆에 붙어 있으면서 말동무가 되어드리면 좋겠네요."
그제야 어머님의 눈빛이 평소처럼 따뜻하게 돌아왔다. 마음의 무거운 짐을 내려놓은 듯한 얼굴이었다. 편안한 모습으로 문을 나서며 한 말씀을 남기고 상담실에서 나가셨다.
"원장님, 미안해요. 고마워요. 근데... 나 좋은 말씀 들으러 또 와도 되지?"

별 거 아니다. 그런데 참 별 거다.
화내는 사람의 '화의 본질'을 본다는 게, 그리고 마음을 알아차린다는 게... 만약 평소 잦은 방문을 마음속 괴로움으로만 받아들였다면, 어머님의 '화'에만 반응했을 것이고, 대화는 불편함만 남긴 채 끝나버렸을지 모른다. 하지만 마음의 중심을 바라보려는 노력으로, 서로의 시간을 따뜻하게 만들 수 있었다. 작은 차이지만 어머니께 보인 태도를 통해 행복을 찾았고, 서로에 대한 진심이 우리의 마음을 평온하게 만들었다.

귀를 잘 들리게 해주는 데는 한계가 있지만, 찾아오는 이의 마음을 행복하게 해 드리는 데는 한계가 없다. 그렇게 인생 상담실은 종종 열린다. 물론 내가 그분들께 배우는 지혜가 훨씬 많지만 말이다.

   그날은 우연인지 남편의 진료실도 꽤 오랜 시간 동안 인생 상담실이었다는 이야기를 들었다. 우리는 퇴근길 내내 각자의 이야기를 공유하며 한참을 웃었다.

이런 멋진 사람과 세월을 함께 할 수 있음에 감사하다.

아주 보통의 하루가 모여, 행복한 인생이 된다.

"오늘도, 아보하!"

아들아

엄마도 네 나이 즈음엔, 뭔가 거창한 일을 해야만 하루가 의미 있다고 느꼈어. 큰 일을 해야 행복한 거라고 착각하며 살았지. 옆에 있는 사람들과 비교하며 괴로워하기도 했고, 마음을 몰라주는 세상에 괜한 짜증을 내던 날도 많았단다.

너도 이유 없는 불안이나 초조함에 마음이 흔들릴 때가 있을 거야. 만약, 그런 감정에 휩싸여 있다면, 한 걸음만 물러서서 부드럽고 친절한 자세로 내면을 들여다보면 좋겠구나. 혹시 괴롭게 하는 것들이 스스로 만들어낸 욕심이나 어리석음은 아닌지 말이야. 그리고 이미 너를 둘러싸고 있는 작고 소중한 행복들을 무심코 지나치고 있는 건 아닌지도 함께 돌아보렴.

매일이 맑을 순 없단다.
자신을 믿고 아끼며, 차분하고 겸손한 태도로 하루를 살아가렴. 평범한 순간에도 감사하고, 지혜롭게 마음을 다스릴 수 있다면 어떤 날에도 흔들리지 않을거야.
'보통의 하루'가 얼마나 행복하고 귀한 시간인지를 알아차릴 수 있다면, 너의 인생은 따뜻한 바람의 감촉처럼, 잔잔하고 포근한 날들로 가득 차게 될 거라고 엄마는 믿는다.

여러분은 언제 가장 행복하셨나요?
또, 어떤 순간 '행복하다'고 느끼시나요?
자녀에게 '여러분만의 행복 노하우'를 전해주세요.

독서

보물섬에서 찾은 길

책장 속 첫사랑, '보물섬'

어린 시절, 책장에는 하얗고 깨끗한 'ACE 세계 전집'이 가지런히 꽂혀 있었다. 그 옆에는 엄마가 시집올 때 혼수로 가져왔다는 두꺼운 대백과사전도 무게감을 보이며 자리를 지키고 있었다. 각종 사진이 삽입된 알록달록한 과학 전집도 있었지만 크게 흥미를 느끼지 못했다. 진짜 보물은 따로 있었다.
바로 만화책,『보물섬』
서점에 새로 나오는 날을 손꼽아 기다리던 설렘, 펼치기 전부터 두근거림. 그 시절, 책은 놀이였고, 꿈이었으며, 가슴 뛰는 모험이었다.

조금 더 커서는 다섯 살 많은 중학생 오빠의 책가방에 선물이 담겨있었다. 학교에서 돌아오면 와르르 쏟아내던 무협지들! 얼마나 행복하던지. 손에 땀을 쥐게 했던 긴박한 사파와 정파의 대결, 전설의 무공을 익혀 무림을 통일하는 주인공의 고난과 성장. 제목은 흐릿해졌지만, 다시 마주한 순간 그 장면들은 놀랍도록 생생해서 절로 미소가 지어졌다. 주인공이 되어 강호를 누비고, 그 세계 안에서 숱한 풍파를 겪으며 함께 울고 웃었다. 처음으로 '진짜 독서'를 한 순간이 아니었을까.

　수능 세대였던 나는 독서를 '공부'로 배워야 했다.
신문 사설을 오려 붙이고, 『독서평설』, 『리더스 다이제스트』를 형광펜으로 그어가며 숙제처럼 읽던 기억들. 책은 점수를 위한 도구가 되었고, 독서는 성적을 위한 수단이 되었다.
성인이 되어서도 독서와는 멀어졌다.
베르나르 베르베르, 이외수, 류시화 등 몇몇 작가들의 글을 가끔 접했지만, 다양한 책에 깊이 빠져들기엔 마음에 여유가 없었다. 아이의 독서록 과제를 대신 읽으며 잠시 만난 책들, 그중 몇 권은 꽤 감동도 있었지만… 역시 좋은 기억을 남기지 못했다. 이후, 생활에 당장 필요한 어학책이나 정보 서적 외에는 손에 쥐는 일이 드물었고, 책은 일상에서 서서히 밀려났다.

같이, 책과 함께 걷는 삶

　아들의 대학 진학과 이사로 출퇴근 시간이 짧아졌고, 여유가 생겼다. 가볍게 산책하듯 들른 동네 도서관에서 오랜만에 책과 다시 마주했다. 그곳에서 만난 풍경은 잊고 지냈던 설렘을 불러

왔다. 좋아하던 종이 냄새가 은은히 나는 공간, 집중하는 사람들의 조심스러운 숨, 책장을 넘기는 소리까지도 잊고 있던 아득한 정취가 다시 마음을 두드렸다.
"쉿!" 조용히 하라는 엄마의 말에도, 까르르 웃는 아이의 웃음 소리마저 정겨웠다. 이후, 일주일에 두세 번씩 도서관을 들렀고, 조금씩 책과 다시 가까워지기 시작했다.

  퇴근 후, 남편과 함께 보조 가방에 책을 담고 도서관으로 향하는 길.
함께 가는 강아지의 젤리 같은 발바닥엔 풍선이라도 달린 듯했다. 발레리나처럼 가볍게 걷는 걸음마다, 기분 좋은 꿈이 새어 나와 작은 몸이 통통 솟구쳤다. 나도 덩달아 마음이 들떠, 사뿐사뿐 발을 맞춰 걸었다. 풋풋한 풀내음이 코끝을 간질이고, 미묘하게 변해가는 저녁 풍경에 마음이 일렁였다. 콧노래가 절로 흘러나오던 그 순간, 아무것도 특별하지 않은 일상이 얼마나 풍요로운지 새삼 느꼈다.
그저 도서관에 함께 가는 시간이, 좋았다.

  호숫가를 향해 놓인 안방의 리클라이너에 나란히 앉아, 입안 가득 퍼지는 커피 향을 느끼며, 윤슬을 바라보고 책을 읽는 시간은 하루 중 가장 평화로운 순간이 되었다. 독서를 함께 하게 되면서 우리 부부의 대화는 점점 깊어지고 성숙해졌다. 글을 통해 타인의 삶을 상상했고, 그 여운은 나를 향한 사유로 이어졌다. TV 앞에서 말없이 술잔을 기울이던 우리가, 이제는
"이 책에서 이런 문장이 있었어." 라며 수다를 떨었다. 과묵한 남편도 책을 통해 공유하는 생각이 많아지니 웃음이 많아졌고, 일상이 조금씩 달라졌다.
대화를 나누는 우리를 바라보는 아들의 표정에도 응원이 담겼다. 그것은 우리에게 조용히 말을 거는 듯한, 또 하나의 동기부여였다.

 책은 우리 가족을 은은하게, 그러나 분명하고 명확하게 변화시켰다. 처음엔 익숙한 이름의 연예인 작가, 하정우, 김혜자, 그리고 손미나 씨의 책을 보았다. 얼굴을 알고 있는 이들의 고백은 낯설지 않았고, 자연스레 마음이 닿아서 잔잔히 스며들었다. 책이 일상이 되고, 독서가 습관이 되자 심리학 책에서 위안을 얻었고, 소설에서 오는 몰입의 즐거움을 느꼈다. 문장 너머, 타인의 시선과 발자국을 따라가며 나와는 다른 삶의 방식들을 엿보게 되었다.
『운을 읽는 변호사』,『죽은 자의 집 청소』,『검사내전』,『참 괜찮은 태도』등 다양한 직업 속에서 또 다른 인생을 마주했다.
그렇게, 나의 세계가 조금씩 넓어지고 있었다.

책, 늦게 도착한 깨달음

"책을 읽어라."

어릴 때 수도 없이 들었던 말, 나 역시 아이에게 그 말을 주문처럼 반복했다. 하지만 정작 독서가 삶에 스며들어 남기는 본질을 당시엔 몰랐다. 책을 읽는다는 건 단순한 정보 습득 때문은 아니었다. 다양한 삶을 엿보고, 지식을 음미하며, 무한한 상상을 펼쳐가는 경험이었다.

TV나 핸드폰을 하느라 긴 시간을 보낸 후엔, 어김없이 공허함이 남지만 책은 달랐다. 내면이 다채로운 색으로 채워졌다. 시간을 잘 썼다는 만족감과 함께, 마음 어디선가 잔잔한 물결이 번졌다. 어떤 날은 깊고 묵직하게, 또 어떤 날은 바람처럼 가볍게. 나를 멈추게 하고, 돌아보게 만들었다.

지식을 넘어, 내면을 가꾸고 타인을 이해하며, 삶의 방향을 일러주는 조용한 안내자가 되었다. 때론 선한 영향력을 가진 친구였고, 조용히 치유해 주는 마음씨 좋은 선배가 되었다. 마음은 더 부드러워졌고, 생각은 깊어졌으며, 말은 조심스러워졌다. 하루하루, 나를 더 깊고 따뜻한 사람으로 만들었다.

책의 온기는, 책을 늦게 돌아보게 된 과거를 향한 아쉬움을 몰고 오기도 했다. 읽으면 읽을수록, 마음 한 켠에 안타까움이 스며들었다. 가장 아쉬운 건, 아이가 커가는 시간 동안, 나도 함께 자랄 수 있었던 기회를 놓쳐 버렸다는 사실이다.

시간은 기다려주지 않기에, 부모에게 독서가 더없이 필요했음을 이제야 절감한다. 도움이 되었을 만한 육아서적을 읽지 못한 것도 아쉽지만, 더 안타까운 건 나를 성찰할 기회를 놓쳤다는 사실이다. 어떤 사람인지, 부모로서 무엇이 부족한 삶을 살아가고 있는지, 조금 더 일찍 마주했더라면, 아마도 우리의 하루하루는 더 부드럽고 덜 아팠을지도 모른다.

요즘 들어 자주 떠오르는 문장이 있다.

"인간의 삶에는 여러 길이 있고, 어떤 길에도 다 의미가 있다. 하지만 독서와 사색의 시기를 놓친 인생은, 어떤 성공을 거두었더라도 아쉽기만 하다."

김진명 작가의 『때로는 행복 대신 불행을 택하기도 한다』 속 문장이, 내 마음을 꼭 닮았다. (이타북스, 49페이지)

세월을 지나 책장에 남는 사랑

독서를 다시 시작하면서 문득 이런 생각이 들었다.

'아, 이 책은 아이가 꼭 읽어봤으면 좋겠다.'

삶의 어느 순간, 마음을 움직이고 스스로 돌아보게 만드는 경험을 하면서부터 아들에게 책을 선물하기 시작했다. 생일이나 특별한 날, 남편과 함께 고심해 한 권을 고르고 여백에 마음을 담은 편지를 정성껏 써 넣었다. 책 안에 담긴 가치들과 함께, 우리가 전하고 싶은 소리를 건넨다. 목소리와 손길이 아들에게 닿아 언젠가 마음을 어루만져 줄 수 있기를 바라면서.

  이렇게 한 권, 두 권… 시간이 쌓이면, 책장에는 마음이 깃든 흔적들이 차곡차곡 자리를 잡을 것이다. 세월이 책장을 덮는 동안에도 우리의 사랑은 그 사이사이에 변치 않고 고이 머물러 있을 것이다. 언젠가, 다시 펼칠 때 오래된 종이 향처럼 스며든 마음을 가만히 느껴줄 수 있기를 바란다.
훗날 아들이 자신의 가정을 꾸리게 되면, 간직해온 책들이 새로 생긴 소중한 가족의 책장에 자리를 잡아 세대를 이어 함께 읽히길 바란다. 사랑을 담은 책 한 권이 서로의 생각을 열고, 삶의 깊이를 나누는 씨앗이 되어주기를. 작은 바람을 조심스럽게 얹어본다.

  어린 시절 상상했던 '보물섬'이, 다양한 이야기가 가득한 진짜 보물로 가득 채워진 도서관이 되어 내게 돌아왔다. 매일 아침, 출근 가방에 그 곳에서 건져 올린 반짝이는 보석, 한 권을 챙긴다.

  그리고 조용히 기대한다.
  책을 읽는 나.
  조금 더 괜찮은 사람이 되어가길.

"영혼을 치유하는 곳"

고대 그리스의 도서관엔 이런 문장이 현판 대신 걸려 있었다고 합니다. 책이 단지 지식의 도구를 넘어서서 마음을 어루만진다는 사실을 오래전 사람들도 알고 있었던 것이겠지요.
책장을 넘기며, 잊고 있던 나를 다시 만나고, 사랑을 건네는 법을 배우는 시간에 잠시 머물러 봅니다.
매일, 내 안의 삶이 깊어집니다.

아들아

　내 나이 스물여섯.
돌아보면 엄마도 참 어렸었는데, 어린 내가 소중한 너를 만나게 되었었지. 작고, 힘도 없고, 쭈글쭈글하고 눈썹도 없어 예쁘다고는 못 했지만 가슴에 품은 너는 빛나고 따스하며 사랑스러웠단다. 동그랗고 맑은 눈을 마주치고 재잘거리며 나와 발걸음을 맞춰 걷고, 친구가 되어 줄 만큼 자라는 동안 몹시 큰 기쁨을 주었지.

　하루를, 그리고 계절을, 너로 인해 울고 웃으며 채워갔어. 네 존재는 내 삶의 가치와 맞닿아 있었지.
작은 손을 꼭 잡고 걷던 짧고도 길었던 시간들 속에서 엄마 역시 어른이 되어갔고, 너는 나의 인생이 되었단다.

　군입대를 앞두고 다녀온 가족여행에서, 아빠를 대신해 먼 거리를 마다하지 않고 운전하고, 힘든 일은 스스로 나서서 하려는 배려가 느껴지더구나. 밤에 나눈 깊은 대화에서 미래에 대한 계획과 생각을 들으며
'이젠 완전히 다 컸구나…' 하고 느껴졌어.
나보다 큰 어깨를 갖게 된 네가, 그 그늘에 다른 이들도 품을 수 있을 정도로 자랐더구나. 가족을 챙기고, 주변을 살피는 너만의

배려로 어른의 자리를 채워가고 있었지.
엄마 차례가 왔구나.
내 마음속에 어리고 부족하게만 보였던 아이를 독립시켜 줄 시간이. 이 시간이 생각보다 빨리 와서 섭섭하기도 하네. 행복한 서운함이지. 언제 철들까 싶었는데, 어느새 이렇게 자랐니?
좋은 사람으로 잘 커 줘서 참 고맙구나.

꼭 한 가지 당부하고 싶은 게 있어.
겸손하고 성실하게, 그리고 건강하게 살기 위해서, 하루의 틈 사이 잠시라도 책과 마주하길 바래. 책은 삶의 시행착오를 줄여주고, 넘어졌을 때 잘 털고 일어설 수 있는 힘을 주거든. 심장을 단단하게 만들어 의연한 사람이 되게 해 주지.
시련 속에서도 진실을 더 빠르게 파악할 수 있는 지혜를 키워주기도 한단다. 책장을 넘기는 시간들이 너의 내면을 지켜주고, 타인을 이해하는 마음으로 이어지기를. 소중한 지혜가 네 안에서 깊어지기를 진심으로 바란다.

아들의 행복한 삶을 위해, 이제 엄마 아빠는, 스스로의 길을 걸어가는 너를 믿고 응원할게.
사랑한다. 언제나
스물두 번째 생일을 맞은 너에게, 책과 함께 마음을 건넨다.

✽ 이 글은 아들의 생일에,『아들아, 너는 인생을 이렇게 살아라』(필립 체스터필드 저)와 함께 건넨 편지입니다.

여러분도 자녀에게 꼭 권해주고 싶은 책이 있으신가요?
그 책에 어떤 마음을 담아 전하고 싶으신가요?

언 어

말의 힘

마음 구기지 않기
『구겨진 종이 이야기』중에서

종이를 한 번 구기면, 아무리 펴도 예전처럼 매끄럽지 않다. 말도 그렇다. 무심코 던진 말 한마디가 누군가의 마음을 구기고, 자국은 쉽게 지워지지 않은 채 흔적이 남는다.

문득 어릴 때 아들이 등을 돌리며 내뱉던 말이 떠올랐다.
"칫, 엄마는 아무 것도 모르면서…"
어쩌면 아이 마음 한켠에 남겨진 구김 하나가 무심코 흘러나온 것이었는지도 모르겠다.

"좋은 하루 보내세요!"
출근길 주차장에서 만난 치과 원장님이 환한 미소와 함께 큰 소리로 인사를 건넸다.
"네, 감사합니다! 원장님도요!" 얼떨결에 대답을 하고, 계단을 오르는 내내 생각했다.
'와! 저렇게 활짝 웃으며 인사해 주니 정말 기분이 좋아지네.'
진심이 느껴지는 한마디가, 마음 한 켠에 햇살 한 줌을 내려놓고 갔다. 원장님도 오늘 하루, 부디 평안하시기를 마음속으로 빌었다.

　우리는 말을 주고받을 때, 단어 자체를 넘어서 상대의 감정과 에너지를 함께 느낀다. 나는 부모로서 아이에게 말을 가르치는 첫 번째 선생님이었다. 처음 말을 배우던 시기엔 예의 바른 인사말과 기본적인 표현들을 가르쳤다.
"안녕하세요, 배꼽인사해야지."
"미안하다고 해야지."
조금 성장한 후엔, 관계 속에서 말이 지녀야 할 태도를 강조했다.
"친구 험담을 하면 안 돼."
"거짓말을 하면 안 돼."
그리고 제법 어른이 되어 나와 눈을 마주하게 되었을 때는 목소리에 마음의 무게를 담아야 한다고 가르쳤다.
"말로 남에게 상처 주지 말아라."
"한 번 뱉은 말은, 다시 담을 수 없다."

그렇게 아이를 가르쳤고, '말'을 잘 안다고 착각했다. 하지만 정작 스스로에게 묻지 않았다.
'내가 과연, 누군가에게 말을 가르칠 자격이 있는 사람일까.'

  돌이켜보면, 언어는 자연스레 익혔을 뿐, '소통'의 본질에 대해 진지하게 고민해 본 적은 없었다. 표현하는 법은 알려줄 수 있었지만, 마음에 닿는 울림까지 전해줄 만큼 준비하지는 못했다.
아이의 첫 '말 선생님'이 되기엔, 서툴렀고 부족했다.
이런 생각에 닿았을 때, 문득 부끄러워졌다.

  젊은 날의 나는, 말에 담긴 마음의 무게를 잘 헤아리지 못했다.
다른 사람과 언쟁이 오간 뒤엔 종종 생각에 잠기곤 했다.
'내가 말을 하지 못했다면, 아니면 상대가 말을 할 수 없는 사람이었다면 어땠을까?'
함부로 내뱉은 말들이 서로에게 상처가 되어 오래도록 마음을 할퀴고 지나갈 때, 차라리 침묵했다면 덜 아팠을지도 모른다고 생각했다.
가까운 사이일수록 더 조심해야 했다.
"너를 위해서 하는 말이야."
"그럼 누구한테 말하겠어?"
사랑이라는 이름 아래, 상대에게 일방적으로 이해를 요구했고, 감정을 강요하기도 했다. 옳지 않은 요구였다.

떠오르는 기억들 앞에서, 여전히 마음이 무겁다. 감정이 격해져 제어하지 못했던 어느 순간, 이성을 잃었고, 상처를 주는 날카로운 말을 알면서도 쏟아냈다.
마음에 금이 간 채, 뒤늦게 후회했던 기억들. 조금만 천천히 말하고 한 번만 더 생각했더라면 얼마나 좋았을까. 상대를 먼저 헤아리고, 문제의 본질에 차분히 마주했더라면, 아프게 돌아서지 않았을지도 모른다.

세월이라는 사포에 닳아가며, 상처와 후회는 나를 깎고 다듬어 주었다. 삶의 굴곡은 타인을 이해하는 눈을, 독서는 내면을 확장시켜 정제된 언어를 내어 주었다. 변화는 머무는 공간에도 스며들었고, 말투와 태도를 부드럽고 유연하게 해주었다.

이런 변화는 일상을 바꾸었다.
나의 일터는 감기 환자가 주로 찾는 병원이다. 몸이 아프고 힘든 사람들이 찾다 보니 예민해진 마음이 목소리에 묻어나고, 때로는 경계심이 느껴지기도 한다. 문을 열고 들어서는 순간부터 표정이 어둡고 말투에 가시가 돋아 있으면, 나도 모르게 굳어지고, 대화가 줄어든다. 방어하는 태도를 취하게 된다.
하지만, 부드러움은 차가운 마음을 녹이고 거친 공기마저 온기로 바꾸는 힘이 있다는 걸 알게 되었기에 이제는 누군가 날카롭게 건네도, 꽤 말랑한 마음으로 받아들일 수 있게 되었다.

마음의 결이 달라지자, 풍경도 달라지기 시작했다.
먼저 눈을 맞추고, 마음을 담아 미소 지으면 날 선 분들도 서서히 부드러워졌다. 작지만 긍정적인 경험이 쌓이며, 더 진심으로 환자를 대하게 되었다.
아픈 몸은 원장님이 고치지만, 나는 나만의 방식으로 그분들에게 도움을 주었다.
"어르신, 약 잘 챙겨 드셔야 해요. 식사도 꼭 하시고요."
"얼른 나아서 주말에 엄마 아빠랑 신나게 놀아야지?"
"길이 미끄러워요. 넘어지지 않게 천천히 조심해서 들어가세요."
"그동안 고생 많으셨어요. 다 좋아졌다니 참 다행이에요."
마음이 머무르고 말의 온도가 달라지자, 사람들의 표정에도 변화가 일었다. 진심이 담긴 한마디는 위로가 되었다. 그렇게 약 처방과 함께 '마음 처방'도 건넬 수 있게 되었다.

　말은 전염된다.
따뜻한 말이 퍼지기 시작하자, 모두가 달라졌고 나이가 조금 있는 우리 간호사 선생님들도 어느새 "참 이쁘네." 라는 말을 듣는다. 그 속에는 단순한 외모가 아닌, 진심과 정성이 담겨 있다. 문을 나서던 분들이, 문득 걸음을 멈추고 뒤돌아보며 인사를 건넨다.
"고맙습니다!"
"감사합니다! 안녕히 계세요."

스치듯 건네는 짧은 인사 속엔, 기분 좋은 에너지가 가득하다. 말보다 깊은 위로와 힘이 담긴 웃음 소리가 병원 안에 퍼진다.
정이 오가고 마음이 쉬어 가는 다정한 공간이 된다.

　말에는 힘이 있어, 사람을 울게도 하고 웃게도 합니다. 그만큼 강한 힘을 지녔기에, 매 순간 어떤 말을 선택할지 고민하게 됩니다. 목소리는 단순한 도구를 넘어, 마음에 지워지지 않는 자국이 될 수도 있다는 걸 알기에…
오늘도, 부드럽고 따뜻한 한마디를 건네고 싶습니다.

　현실에선 아직도, 가끔씩 한계를 넘어서 억지를 부리거나 자신의 입장만 앞세워 화를 내며 주변을 지치게 만드는 분들을 만납니다.
"화를 담은 말은 독이 든 음식과 같아서, 내가 그것을 먹지 않으면 독에 물들지 않는다."
어느 현자가 전하는 이 깨달음은, 누군가가 화라는 재료로 감정을 차려낼 때 냉정을 잃지 않고 휘말리지 않는다면, 그 독에 영향을 받지 않고 돌아설 수 있다는 뜻이겠지요. 가르침을 마음에 새기며 정화해 보려 애쓰지만, 아무리 겪어도 머리로 익숙해지는 만큼 마음으로는 좀처럼 쉬워지지 않습니다.

늘 마음은, 머리보다 한 걸음 늦습니다.
그럴 때면 이렇게 되묻곤 합니다. 이 순간이 내게 전하려는 가르침은 무엇인지, 이 일 앞에서 어떤 사람으로 되고 싶은지를.

  ... 다시,
더 나은 말을 건넬 수 있는 어른이 되기를 바라며, 담담하게 마음을 잡아 봅니다.

아들아

   넌 예전부터 수업 시간에 선생님이 욕을 하거나 함부로 말하는 걸 정말 싫어했지. 성이 잔뜩 나서
"선생님이 뭐 그래? 선생님은 그러면 안 되는 거 아니야?" 하고 단호하게 말하던 모습이 선하다. 아무리 잘 타일러도, 그런 수업은 듣고 싶지 않다고 했었지. 네 말이 옳아.

   엄마는 감정을 솔직하게 드러내는 편이라, 거칠게 말한 적이 많았었어. 종이를 구겼다 펴면 자국이 남듯, 말도 마음에 흔적을 남긴다는 걸 그땐 미처 생각하지 못했지. 말로 주는 상처가 더 깊다는 걸 너무 늦게 깨달아서, 네 마음에 멍을 남겨서, 정말 미안하다.

   생각해 보면, 부모인 나에게 주어진 일은 너에게 처음으로 세상의 언어를 가르쳐 주는 선생님이 되는 일이었는데...
어린 너와 소통하는 것에 대해 진지하게 고민해 본 적도 없었고, 말이 얼마나 큰 힘을 가지는지 깨닫기도 전에 엄마가 되어서 서툴고 부족했어. 커가는 너와의 대화에서도 모법 답안처럼 말하고 싶었지만, 확신이 없어 말문이 막히는 순간이 많았지.

이제야 말의 힘이 얼마나 큰지, 그 말 한마디가 마음을 바꾸고, 결국 세상까지도 다르게 보인다는 걸 알았어. 늦게 깨달았지만, 진심이 담긴 말을 전하기 위해 매일 조금씩 배우고, 연습하며 살아가는 중이야.
너도 그런 따뜻한 소통을 느끼며, 세상과 더 깊이 연결될 수 있기를 바란다.

언젠가 너도 아이에게 첫 '말 선생님'이 되겠지.
네가 건네는 말이 아이의 언어가 되고, 그 언어가 다시 삶을 빚어가는 재료가 된다는 걸 기억해주면 좋겠어.
부디 그 무게를 가볍게 여기지 않는 현명한 어른으로, 준비된 부모가 되어서 마음에 따뜻한 흔적으로 머물기를 바란다.

참, 이건 네 외할머니께 배운 지혜인데, 쉽게 답하기 어려운 말엔 "생각해 볼게." 라고 하신단다. 시간을 들이면 생각도 깊어지고, 답도 달라질 수 있기 때문이지. 후회하지 않기 위해, 신중하고 현명한 답을 내기 위함이라고 하셨어.
외할머니의 작은 팁이, 도움이 되길 바란다.

말은 시간이 지나도 마음속에 오래 남게 됩니다.
여러분은 자녀에게 후회되는 말을 하신 기억이 있으신가요?
사과를 건네보세요. 사과를 건네는 용기가 아이의 마음을 어루
만질 수 있을 테니까요.

끈기

천천히, 묵묵히,
매일 '쌓임'이 만드는 길

꾸준함과 인내에 대하여

왼손으로 오른손의 손톱을 둥글고 예쁘게 깎다가, 문득 이런 생각이 들었다.
'어라, 생각보다 왼손을 꽤 능숙하게 잘 쓰네...'
나는 전형적인 오른손잡이다. 글씨를 쓰거나 젓가락질처럼, 일상의 대부분은 늘 오른손의 몫이었다. 그에 반해 왼손은 언제나 곁에서 돕는 보조 역할에 머물렀다.

아, 그렇구나.
왼손으로 손톱을 깎는 별것 아닌 동작을, 오랜 시간 계속하다 보니 꽤 정교하게 잘하게 되었구나. 그저 반복해 온 일상에서 비롯된 결과였다. 손톱을 자를 때마다, 오른손은 스스로 깎을 수 없으니 왼손이 나설 수밖에 없었다. 불편하고 어색했지만, 별다른 선택이 없었기에 조금씩 해내었고, 그러다 보니 어느새 익숙해지

고, 심지어 능숙해졌다:

 왼손으로 손톱을 잘 깎게 된 건 특별한 인내가 있어서는 아니다. 단지 필요에 의해서 반복하다 보니 세월 속에서 자연스럽게 생겨난 능력이었다. 이는 '꾸준함을 동반한 시간의 힘은 결국 능력이 된다'는 사실을 보여주는 사례가 아닐까. 사소한 예일지 몰라도, 익숙해진 동작 하나가 우리에게 전해주는 메시지가 있다.

'꾸준함과 인내심'
이 말들이 거북하게 들리고, 어렵게 느껴질 때도 있다. 그럴 때면 왼손으로 손톱을 깎는 자신을 떠올려 보길. 작은 반복이 얼마나 강력한 힘이 되는지를 말이다. 익숙해지는 데 중요한 건 거창한 계획도, 대단한 열정도 아니다.

 포기하지 않고, 해내는 평범한 하루하루가 '쌓임'이 된다는 것. 오늘도 무언가가 서툴고 잘 되지 않아 푸념하고 있다면, 차분하게 다시 시작해보자. 반복이 쌓이면 능숙한 사람이 될 테니까. 어느새, 당신은 그 일을 오래도록 해온 장인이 되어 있을 것이다.

 좌타자 이정후, 좌완투수 류현진
 놀랍게도 두 선수 모두 원래는 오른손잡이다.
그렇다면 왜 그들은 굳이 '왼손'을 선택했을까?

좌타자는 1루에 더 가까워 빠른 출루가 가능하고, 상대 투수의 70% 이상이 오른손잡이라는 점에서 타격의 유리함을 갖는다. 좌완투수는 희소성 자체가 전략이다. 구단은 '좌완'이라는 이유만으로도 더 많은 기회를 제공한다. 왼손은 단순한 선택이 아닌, 치밀하게 계산된 전략이었다.

이정후 선수는 초등학교 3학년 무렵, 야구선수 아버지 이종범의 권유로 왼손 타자로 전향했다. 오른손잡이였던 그는 왼손 스윙을 익히기 위해, 어색한 타격폼과 무수한 실패의 시간을 버텨내야 했다.
정규 훈련이 끝난 뒤에도 끈기 있게 홀로 남아 연습을 거듭했고, 결국 KBO를 대표하는 최고의 좌타자로 성장했다. 메이저리그에서도 최고의 선수로 자리 잡아가고 있다.

류현진 역시 원래 오른손잡이였지만, 어린 시절 팔꿈치 수술 이후 왼팔로 공을 던지기 시작했다. 그 선택이 인생을 완전히 바꾸어 놓았다. 불편함을 감수하며 수천 번의 연습을 거듭한 끝에 그는 한국 프로야구를 넘어 메이저리그에 진출했고, 세계가 주목하는 좌완투수가 되었다.

오른손잡이인 그들이 '왼손'이라는 불편하고 낯선 선택을 통해 최고의 자리에 오르기까지 얼마나 많은 실패를 인내하고 반복된 연습과 노력을 하였을까?
유리한 위치를 차지하기 위해 '왼손'이라는 영리한 전략을 택했지만, 그 선택을 현실에서 잘 이뤄내기 위해서는 더 많은 반복과 꾸준한 인내가 필요했다.

　충분한 고민과 전략적 사고에서 비롯된 정확한 목표는, 꾸준함과 인내가 더해질 때 좋은 결과로 이어진다. 이정후와 류현진처럼 꾸준함과 인내가 함께 어우러질 때 비로소 '타고난 재능'을 뛰어넘는 성취가 가능해진다.

　우리의 삶도 다르지 않다.
처음엔 어색하고 불편하더라도, 때론 전략적으로 낯선 방향을 선택해야 할 때가 있다. 수없이 쌓아 올린 습관과 노력, 그리고 인내의 시간들이 결국 좋은 결과를 불러오는 법이다.
성공은 단숨에 오지 않는다.
바른 목표를 향해 묵묵히 걷다 보면, 그 길 끝에서 언젠가 스스로도 몰랐던, 근사한 모습의 내가 기다리고 있을 것이다.

아들아

　진심으로 바라는 목표가 있다면, 그 길 위엔 성실한 태도와 흔들리지 않는 마음, 그리고 끝까지 나아가는 꾸준함이 꼭 필요하단다. 반짝이는 천재성보다는 묵묵히 쌓아 올린 성실함이 훨씬 더 단단한 삶을 만들어 주더구나. 결실을 맺는 사람들은 우리가 보는 찬란한 순간보다, 보이지 않는 곳에서 더 많은 시간과 인내를 쏟아왔다는 걸 잊지 말아라. 그 노력을 존중할 줄 아는 사람만이 어떤 바람 앞에서도 흔들리지 않고, 끝까지 버틸 수 있지.

　지치고 마음이 흔들릴 때가 오거든, 원하는 대로 되지 않는다고 조바심 내거나 섣불리 실패라 단정 짓지 않았으면 해. 쌓아온 모든 시간은 결코 헛되지 않단다. 발자취마다 너의 이야기가 차곡차곡 새겨지고 있을 테니까. 그러니 포기하지 말고, 네 속도에 맞춰 천천히, 최선을 다해 나아가 보렴.

　엄마는 믿는다.
아들이 진심을 다해 인생의 방향을 세우고, 매일의 '쌓임'으로 자신만의 길을 만들어 갈 것을.
바른 걸음을 뚜벅뚜벅 이어 나가, 마침내 스스로 그리던 목표에 닿게 되리라는 것을.

여러분도 끝까지 포기하지 않고 견뎌낸 시간이 있나요?
지금의 당신을 있게 해 준 경험 중에서 자녀에게 들려주고
싶은 인내의 시간이 있었다면 얘기해 주세요.

욕 심

저는 병원의 청각사입니다.

귀로 듣는 이야기, 마음으로 조율하는 일

나는 병원의 청각사다.

보청기를 상담하고, 환자가 잘 적응할 때까지 소리를 정교하게 맞추는 일을 한다. 가족 중에도 청각장애와 난청으로 오랜 시간 어려움을 겪고 있는 어른들이 계셔서, 환자 한 분 한 분의 불편을 더 깊이 이해하려 노력하고, 진심으로 그 마음을 보듬으려 애쓴다. 일반 보청기 전문점은 어느 정도 소리를 들을 수 있는 분들이 주로 찾지만, 병원을 방문하는 분들은 이미 청력이 심각하게 손상된 상태에서 오시는 경우가 대부분이다. 보청기 적응이 쉽지 않은데, 효과도 제한적인 안타까운 경우가 많다.

소리를 잃는다는 것은 곧 마음의 고립으로 이어지기도 한다. 세상과 단절되어 상처가 쌓인 분들은 낯선 장치나 새로운 설명 앞에서 곧잘 부정적인 태도를 보인다. 귀로 하는 소통이 막히다

보면, 진심을 전하는 일도, 설명하고 이해받는 일도 생각보다 훨씬 조심스러워지고 힘들다.

그래서 자연스럽게 생긴 나만의 작은 노하우가 있다. 상담실에 들어선 첫 순간, 주목하는 건 청력 수치만이 아니다. 착용할 분의 조급함과 기대감의 정도, 타인의 이야기를 꺼내고 비교하는지, 손이나 귀, 목에 액세서리 하나 없는 깔끔한 스타일인지를 유심히 본다.
청력보다 먼저, 사람을 들여다보는 것이다.
상담은 소리를 맞추는 일인 동시에, 마음을 조율하는 일이기도 하다. 그래야 낯설고 긴 적응의 시간을, 조금이라도 덜 힘들고 덜 외롭게 함께 걸어갈 수 있으니까.

성격이 급하고 욕심이 앞서는 분들은 대개 이렇게 시작한다.
"친구는 이런 모양으로 했대요. 내 건 더 좋은 거 맞죠?"
자신의 난청 정도나 상태보다는 비교에 집중하고,
"이 정도 가격이면 바로 잘 들리는 거죠?"
기계가 도깨비 방망이처럼 모든 문제를 해결해 줄 거라 믿는다. 막연한 기대감과 욕심이 큰 경우 오히려 적응이 더뎌지고, 서로를 지치게 한다.
또, 액세서리를 잘 착용하지 않는 분은 몸에 닿는 이물감에 민감하기도 하다. 보청기의 가벼운 접촉조차 불편해하며, 착용 자체를 힘겨워한다. 나 역시 시계 외에는 몸에 닿는 걸 싫어하는 편이라 충분히 이해하지만, 너무 예민한 분이시라면 몸이 아니라 마음이 먼저 장치를 거부하는 경우도 있다.

   그래서 상담할 때는 늘 세 가지를 꼭 먼저 말씀드린다.
첫째, 보청기는 천천히 소리크기를 조절해야 해서, 6개월에서 1년까지 적응 시간이 필요합니다.
둘째, 안경을 처음 쓸 때 콧잔등이 불편한 것처럼, 보청기도 낯선 장치가 주는 어색함이 있습니다.
셋째, 보청기는 소리를 키워줄 뿐, 소리를 '언어'로 해석하는 건 귀가 아닌 뇌의 역할입니다. 오랜 시간 난청을 겪은 경우라면 이미 언어 처리 능력이 현저히 떨어져, 소리는 들려도 대화가 어려울 수 있습니다.

   이쯤 되면 많은 분들이 묻는다.
"그럼 왜 껴야 하죠?"
"보청기는 뇌를 깨우는 장치입니다. 대화를 이해하고 들으려는 노력을 통해 남아 있는 언어 변별력을 유지할 수 있고, 시간이 지나면서 인식 능력도 개선됩니다. 무엇보다 노인성 난청은 치매 위험을 높이는데, 다양한 소리를 청각 세포를 통해 꾸준히 접하면, 뇌세포의 활성화에 도움이 됩니다."

이 일을 하는 9년 동안.
수백 명을 상담하고 관찰한 끝에 내가 얻은 결론은 단순하다. 처음엔 거부하던 분들도 시간이 지나면 보청기를 없어서는 안 되는 필수품으로 여기게 된다. 익숙해지면, 안경처럼 효과가 분명해지기 때문이다. 예외는 정말 소수에 불과하다.
처음부터 '잘 들려야 한다'는 욕심을 내려놓은 분들일수록 훨씬 빠르고 편안하게 적응한다.

　같은 난청, 같은 보청기.
달라지는 건 '어떻게 견디고, 어떤 마음으로 지나왔느냐'는 과정의 차이다. 욕심이 앞선 분들은 늘 불편과 불만 속에서 하루하루를 버티고, 기대를 비운 분들은 그 시간조차 담담하게 받아들이며 마음의 여유를 지킨다.
완벽한 적응까지 길게는 1년.
누군가는 잘 안 들린다며 괴로워하고, 또 다른 누군가는 잘 들릴 날을 믿으며 편안하게 하루를 보낸다. 결국 필수품이 된다는 같은 결과에 도달하지만, 보청기가 삶의 일부가 되기까지의 시간을 어떻게 보냈는지는 전혀 다른 이야기로 남는다.
마음이 지나온 여정, 그 안에서 느낀 삶의 온도는 각자의 태도만큼이나 다르게 기억될 것이다.

우리의 마음가짐이 이 작은 기계 하나에도 이토록 큰 차이를 만들어내는데, 하물며 복잡한 인생의 많은 문제들 앞에서는 어떨까요? 때때로 더 좋은 것을 바라는 욕심을 부리지만, 지나고 보면 나와 남을 괴롭히는 집착이 되기도 합니다. 삶에서 스스로를 가장 무겁게 만들고 힘들게 하는 것, 그게 바로 욕심일지도 모르겠습니다.

귀를 열기 위한 상담은 결국 마음을 여는 시간이 됩니다. 그런 시간을 통해, 저 역시 제 안의 조급함과 기대, 욕심의 그림자들을 들여다보게 됩니다. 조금 더 빨리 잘하고 싶고, 더 인정받고 싶은 마음. 부끄럽지만 마주해 봅니다.
오늘도, 마음속 저울 위에 덜어내야 할 무게가 무엇인지, 그 생각이 어디에서 비롯된 것인지 점검합니다. 완벽하진 않지만, 하루하루 내려놓는 연습, 기대치를 낮추는 마음가짐, 그 모든 것을 자신에게도 적용해 봅니다.

우리도 어쩌면, 보청기를 처음 착용하는 분들처럼 인생의 낯선 소리에 천천히 마음을 맞춰가는 중인지도 모르겠습니다.

반성문

　검은 욕심 하나.
어릴 적, 나는 욕심이 많았다.
부모님의 사랑도, 선생님의 관심도, 친구들의 우정도. 모두 내 것이었으면 했다. 눈치가 빨라 사랑을 독차지해서 다섯 살 터울의 마음 착한 오빠를 늘 한 걸음 뒤에 머물게 했고, 더 많은 친구의 마음을 얻고 싶어서 나만 바라보던 친구를 소홀히 하고 다른 친구들과 어울려 놀았다. 친구의 여린 마음에 그늘을 드리웠다.
사랑받으려 애쓰는 동안, 나도 모르게 누군가의 마음에 크고 작은 흉터를 남겼다. 사랑이란, 나누면 커지는 것인데 혼자만 가지려 했다.

　소중한 이의 마음을 다치게 하면서까지 부렸던 검은 욕심.
그건 사랑이 아닌, 불안이 만든 그림자였다.

　검은 욕심 두울.
나는 욕심 많은 엄마였다.
천장이 울릴 만큼 웅장한 수영 경기장, 함성으로 가득 찼다. 승부가 갈리는 그 짧은 몇 분을 위해, 아이들은 오랜 시간 극한의 훈련을 견뎌왔다. 자기 아이가 경기하는 동안 들을 수 없다는 걸 알면서도, 부모들은 저마다 목이 터져라 외쳤다.
"조금만 더!"

"숨 쉬지 마!"
"힘내!"
내 아이 역시 물살을 가르며 온 힘을 다해 결승선을 향해 나아갔다. 마지막을 향해 치닫던 찰나, 나도 목이 터져라 외쳤다.
"숨 쉬지 마! 숨 쉬지 말라고!"
단 0.1초라도 기록을 줄이기 위해, 숨이 턱끝까지 차오르고 폐가 터질 듯한 아이에게 숨을 참으라 했다. 엄마의 욕심이 앞선 말이었다. 수많은 욕망과 응원의 목소리가 뒤엉킨 함성 속에서, 승리를 향한 욕심의 소용돌이에 빠져 나를 잃고 있었다.

　품어줘야 할 존재를 살피지 못하고 부렸던 검은 욕심.
그건 사랑이 아닌, 어리석은 집착이었다.

　검은 욕심 세엣.
'대치동 엄마'였던 나는, 어리석었다.
아이를 학교에 보내고, 정보를 나눈다는 이유로 엄마들과 함께 학원 설명회를 쫓아다녔다. 수강신청과 입학시험을 위해 새벽부터 줄을 서는 일도 마다하지 않았다. 아이를 '공부 잘하는 기계'로 만들어야 성공할 거라고 믿으며, 보고서, 독서록, 각종 활동까지 손이 닿지 말았어야 할 곳까지 욕심을 뻗어갔다. 그렇게 경계를 넘어, 너무 넓게 그리고 깊이 아이의 삶을 침범하고 있었다. 그 안에 머무는 동안 내가 어떻게 변해가는지, 얼마나 멀어진 길을 걷고 있는지도 알아차리지 못했다. 아이의 학창 시절, 행복으로 채워 단단하고 힘 있게 자라게 도와야 할 시간에 내 손으로 소중한 존재의 마음 한가운데 커다란 옹이를 만들어버렸다.
그 열심을, 아이의 행복을 위해 썼더라면 얼마나 좋았을까.

 지켜주었어야 했던 시간 속, 눈이 어두워져 부렸던 검은 욕심.
그건 사랑이 아닌, 결국 내 불안이 만든 왜곡된 열심이었다.

 돌아보면, 인생에 넘어졌던 순간마다 어김없이 '욕심'이라는 걸림돌이 있었다. 욕심은 늘, 가장 지키고 싶었던 존재를 가장 먼저 아프게 했다. 다행히 이제는 그 마음을 조금 다룰 줄 알 것 같다. 은근히 욕심이 피어오를 때면 '흥, 그러면 안 되지.' 하며 쉬이 내려놓는다. 검은 욕심은 체에 곱게 거르듯, 살살 털어낼 줄도 알게 되었다. 끈질기게 새로 돋아나는 비뚤어진 욕심을 완전히 없앨 수는 없어도, 최소한 휘둘리지 않는 법을 터득했다.

 잔을 채우려면, 먼저 잔을 비워야 한다.
비우는 법을 배운 지금, 이제는 욕심보다 여백을 먼저 바라본다.
비워낸 자리엔 '나를 위한 여유'가 자리 잡는다.
오늘도, 삶의 감사함과 평온함으로 담담히 채워간다.

아들아

  흥부와 놀부, 금도끼 은도끼 이야기처럼 어릴 적 가장 먼저 접한 삶의 지혜 중 하나는 '욕심을 부리지 마라.' 였지. 욕심을 부리면 결국 불행으로 이어진다는 교훈을 그림책 책장을 넘기며 듣는 사이, 천천히 마음속에 새겨지도록 배웠단다.
어려서부터 자연스레 익힌 교훈이었지만, 살아가며 마주한 현실은 늘 그 마음을 시험하더구나. 나이를 먹고 세상을 알게 될수록 욕심은 교묘하고 더 그럴듯한 얼굴로 다가왔지. 모양도 크기도 달라져서 알아채기 쉽지 않았고, 점점 더 경계하기 어려운 존재가 되었어. 교묘함에 속아 본질을 놓친 채, 무언가를 꼭 쥐고 놓지 않으려는 순간부터 마음은 쥔 무게만큼 묵직해졌고, 그 무게는 방심한 틈을 타 순식간에 나를 무너뜨렸단다.

  엄마는 알게 되었어.
행복하게 살아가기 위해 가장 먼저 익혀야 할 태도는 '욕심을 다스리는 마음'이라는 사실을.
살다 보면 누구나 무언가를 바라게 되지. 바람이 크든 작든, 불쑥 자라나는 건 어쩌면 당연한 일이야. 하지만 '바람'인지, '욕심'인지 구분하고 조절할 줄 아는 지혜가 필요하단다.

간절했던 일이 뜻대로 흘러가지 않을 때면, 잠시 마음을 들여다 보렴. 기분이 불편하거나 자꾸 화가 난다면 그건 순수한 바람이 아니라, 변질된 욕심일 가능성이 커. 그럴 땐 처음의 마음을 상기 하고, 덧나지 않게 흘려보낼 수 있기를 바란다.
욕심은 끝내, 사람을 지치고 상하게 하니까.

　내 것이 아닌 것에 대한 잘못된 미련은 때때로 '기회'나 '성공', '부'라는 그럴듯한 이름을 달고 나타나더라. 투자처, 좋은 자리, 빠른 길들. 돈과 권력에 대한 열망, 인정받고 싶은 갈망.
겉모습은 달라도 결국은 다 같은 뿌리에서 자라났지.
'검은 욕심'은 잠시 내 손에 쥐어진 듯 보이지만 그 끝은 소중한 사람, 마음, 그리고 삶에 천천히 깊은 상처를 남겼어. 돌아보면 과거의 나는 '기회'라고 불렀지만, 사실은 단지 놓기 싫었던 것들 에 대한 집착이었지. 결국은 스스로를 갉아먹고, 행복해야 할 시 간을 조금씩 앗아가는 일이었단다.

　열 개 중 아홉 개를 갖지 못했다고 분노하기보단, 하나의 바람 이 이루어졌을 때, 기쁨을 온전히 누리고 감사할 줄 아는 사람으 로 살아주기를 바란다. 하루하루를 성실하게 살고, 결과에 너무 얽매이지 않으며, 좋은 의도와 진심을 담아 정직한 과정을 걷는 다면, 바랐던 일들은 언젠가 가장 자연스럽고 행복한 얼굴로 네 곁에 다가올 거야.
언제나 너를 믿고, 응원한다.

당신은 욕심에 흔들려서 힘든 시간이 있으셨나요?
그 시간을 통해서 자녀에게 전해주고 싶은 교훈을 전해주세요.

친 구

진정한 벗, 망년우(忘年友)

'망년우'

나이를 초월해서 사귀는 벗이라는 말이 있다.

나에게도 그런 벗이 있다. 열네 살 많은 언니지만, 마음속으로 '친구'라 여긴다. 알고 지낸 지는 15년이 넘었지만, 일상을 공유하고 깊은 속 이야기를 나눌 정도로 가까워진 건 그리 오래되지 않았다.

2년여 전 어느 날이었다.

언니의 남편이 편찮으셔서 입원했다는 소식을 전해 들었다. 그 후 며칠 지나지 않아 상태가 갑자기 악화되어 손쓸 새도 없이 우리 곁을 떠나셨다.

평소 두 분은 우리 부부가 늘 마음속으로 닮고 싶어 하던 분들이었다. 단정한 옷차림, 나이와 상관없이 고개 숙여 인사하시던 모습, 상대를 진심으로 존중하고 인자한 미소로 주변의 힘든 사람들을 돌보시던 넉넉함은 쉽게 잊히지 않는다.

　가족을 잃고 마주한 언니의 모습은, 슬픔보다도 오히려 텅 비어 아무것도 남지 않은 침묵에 가까웠다.
장례식장에서 마주한 순간, 가슴이 철렁 무너져 내렸다. 너무 차분해서 더 두려웠다. 영혼 없이 껍데기만 남은 채, 할 일을 하고 계시는 언니의 눈빛에는 어디에도 닿지 못할 만큼 깊은 공허가 맴돌았다.
고통이 내면을 얼마나 거칠게 할퀴고 있을지, 짐작조차 할 수 없었다. 몇 년 전부터 두 분이 함께 일을 하시며 같이 지내온 시간이 많았기에, 상실감은 더 깊었을 것이다. 갑작스럽게 찾아온 외로움에 좋지 않은 생각을 하실까 봐 겁이 났다.

　점심시간에 나는 전화를 걸기 시작했다. 처음에는 정말... 생사 확인을 하듯 조심스럽게. 사람들과의 접촉을 꺼렸지만, 다행히도 내 전화는 받았고 통화가 될 때마다 작은 안도의 한숨을 내쉴 수 있었다.
하지만 목소리에 스치는 떨림에 마음이 시렸다.
어떤 말도 위로가 되지 않을 시간 속, 헤아릴 수 없는 무게 앞에서 나는 그저, 침묵을 더듬으며 말을 이어가고 있었다.
그 시절, 내 목소리만큼은 언니의 무너진 마음 한 켠에 닿아, 세상과 단절된 고요한 절망 속에서 단 한 번이라도 삶의 가장자리로 끌어올리는 숨 같은 찰나였기를 바랐다.
언니는 여러 계절을 함께 지나며 조금씩 안정을 되찾았고, 나이를 뛰어넘어 마음을 나누는 벗이 되었다.

   여전히 점심시간에 전화를 한다.
허물없이 마음을 나누고, 지혜를 더해 서로에게 본보기가 된다. 함께 삶을 나누는 시간이 길어질수록, 자연스레 존경심이 깊어져 간다. 수많은 순간과 생각을 나누다 보니, 어느새 생각이 놀랄 만큼 닮아 있었다. 요즘은 내가 말한적 없는 것들을 언니가 먼저 표현할 때도 많아서, 서로에게 얼마나 깊이 스며들었는지 실감하곤 한다.
앞으로도 좋은 마음을 품고, 세상에 그 마음을 조용히 풀어내며 선한 영향력으로 누군가에게 빛이 되어 가는 모습을 기대한다.
그 길이 느리더라도, 단단하고 값지다는 걸 알기에 언니가 스스로 힘을 내시기를 바라며, 오늘도 조용히 응원한다.

   언니가 요즘 자주 하는 말이 있다.
"아무리 현명한 사람이라도, 막상 자기 일이 되면 그 속에 갇혀 잘 보이지 않을 때가 있어. 그럴 땐 곁에서 '그건 아니야.' 하고 말해줄 사람이 있다는 게 참 다행이지."
맞다. 우리는 서로에게 그런 존재다. 흔들릴 때, 미처 보지 못하는 부분을 조용히 짚어줄 수 있는 사람.

앞으로도 서로의 바른 마음을 지켜주고, 기꺼이 시간을 나누며 살아갈 수 있는 벗이 되고 싶다.

───── ● ─────

언니!
오늘도 전화를 드리면, 기다리셨다는 듯
"어, 수아 씨~"
하고 반가운 목소리로 받아 주실 거죠?
저, 사실은 알고 있었어요.
언제나 따뜻하게 맞아주시고 통화를 마칠 때면 단 한 번도 먼저 끊지 않으셨다는걸요. 덕분에 늘 미소 지으며 전화기를 내려놓고 기분 좋게 오후 일을 시작할 수 있었답니다.
작은 순간들 속에 아껴주시고, 배려해 주시는 언니의 마음이 얼마나 깊은지 알고 있어요. 고운 마음 하나하나가 참 고맙고, 뭉클하게 다가옵니다.

아들아

가끔 너는 친구에 대한 이런저런 고민을 털어놓곤 하지. 그래, 네 또래에게 '친구'란 참 복잡한 존재야. 항상 곁에 있으면서도, 동시에 많은 생각을 하게 만들지. 때로는 친구를 통해 나 자신을 돌아보기도 하고 말이야.

엄마도 살아오며 수많은 사람들을 만났지만, 그중에 마음을 깊이 나눌 수 있었던 친구는 많지 않았어. 한때는 친구가 많다는 것이 성격이 좋다는 증거처럼 여겨져서 일부러 더 많은 관계를 맺으려 애쓴 적도 있었지.

그런데 나이가 들면서 자연스레 알게 되었어.
불편한 친구, 좋을 때만 함께하는 친구, 나를 이용하거나, 삶의 방향이 너무 달라 만날수록 마음에 생채기가 남는 친구들은 결국 천천히 멀어지게 된다는 걸 말이야. 그렇게 멀어진 후, 남는 사람은 손에 꼽을 만큼 적더라.

엄마는 요즘, 아빠의 오랜 친구들이나, 마음 깊이 '벗'이라 부를 수 있는 몇몇 소중한 분들을 더 귀하게 여기게 되었단다. 긴 세월 동안 곁에 머물러 주는 진짜 벗이 있다는 건 참 멋진 일이니까.

진정한 친구란, 힘겨울 때 곁을 지켜 주고, 잘될 때는 내 일처럼 기뻐해 줄 수 있는 사람이란다.
미처 보지 못한 것을 조심스럽게 짚어 주고, 흔들릴 때는 말없이 바른길로 이끌어 주는 사람.
쓴 말을 건넬 수 있는 사이, 그 말이 쓰게 들리지 않을 수 있는 사이, 그게 진짜 친구라고.

  너도 그런 친구를 만나기를 바란다.
그리고 무엇보다, 네가 누군가에게 그런 사람이 되어주기를.
"좋은 친구를 얻고자 한다면, 내가 먼저 그런 사람이 되어야 한다." 는 말을 마음 깊이 새기며 살아가다 보면, 언젠가 너의 삶에도 진심을 나누고, 말없이 곁을 지켜줄 '진짜 벗'이 찾아올 거야.

  엄마는 믿는다.
그런 친구가 너의 삶에 찾아와, 오래도록 네 마음에 머물 거라고.

당신에게도, 말없이 마음을 기댈 수 있는 '벗'이 있나요?
떠오르는 친구의 이름을, 자녀에게 들려주세요.
그 시절, 우정이 남긴 추억과 배움을 전해주신다면,
언젠가 아이도 좋은 친구를 곁에 둘 수 있을 거예요.

배 움

배움으로 채우는 삶,
넓어지는 인생길

삶을 대하는 자세
늘 그렇게 믿어왔다.
우리에게 벌어지는 일은 사람이 하는 일이기에, 결국 해낼 수 있다고. 그래서 새로운 일을 마주할 때, 주저하거나 겁먹기보다 먼저 다가가 본다. 모른다는 이유로 물러서기보다, 알기 위해 기꺼이 애쓴다. 이런 태도는, 생각보다 많은 문을 열어주었다. 쌓인 경험들은 마음의 굳은살이 되어 불가능해 보이는 일 앞에서도, 물러서지 않고 마주하는 자신을 발견하게 해주었다.

몇 년 전, 병원을 옮기게 되었다.
갑작스러운, 무리한 월세 인상 요구로 15년 동안 머물렀던 공간을 떠나야만 했다. 긴 시간을 정리하고 새로운 시작을 감당하는 일은 결코 가벼운 일이 아니었다. 그럼에도 우리는 결심했고, 움직였다.

이전할 공간에서 병원을 다시 꾸리기 위해 하나하나 알아보던 과정에서, 가장 큰 벽으로 다가온 것은 인테리어였다. 몇몇 업체를 만나봤지만, 어디가 더 나은지 판단조차 할 수 없었다. 아는 게 너무 없어서, 비교조차 할 수 없다는 사실만 또렷하게 알 수 있었다.
그 시절에는 셀프 인테리어의 개념이나 영상 자료가 없어서, 발품을 팔고 직접 부딪히며 배워야 했다. 정보를 얻는 것도, 비교하는 것도 결코 쉽지 않았다.

　급할수록 돌아가자.
시간이 촉박했지만, 아는 것이 우선이라 생각했다. 다행히 결혼 전 디자인 관련 일을 했었고, 2년마다 전셋집을 옮기며 도배며 장판, 싱크대까지 손수 알아보고 손을 댔던 경험이 있었다. 덕분에 어디로 가야 무얼 배울 수 있는지 정도는 알고 있었다.
그때부터 좋은 업체를 고르기 위해 하나씩 배워가는 과정을 시작했다. 매일 을지로에서 청계천까지 무작정 걸었다. 설비, 타일, 금속, 목재, 조명... 없는 것이 없었다.
가게 앞에 서서 망설이기를 수차례, 조심스레 문을 열고 들어가, 준비한 음료수를 건네며 도움을 청했다.
다행히도 많은 분들이 기꺼이 지식을 나눠주셨다.

　그 시절, 나는 비 오는 날이 반가웠다.

비가 오면 손님이 적어, 사장님들이 선뜻 시간을 내어주었기 때문이다. 차츰 일의 순서, 디자인의 흐름, 자재의 특징, 대략적인 견적까지도 조금씩 머릿속에 그려지기 시작했다. 처음엔 좋은 업체를 고를 수 있을 만큼의 안목만 가지면 되겠다고 생각했는데, 어느 순간, 이런 생각이 들었다.
"직접 해볼 수도 있지 않을까?"

'결심' 힘을 실어준 은인

시간이 지나면서 정보는 빠르게 쌓여갔지만, 예상치 못한 추가 비용도 눈덩이처럼 불어났다.
전기 증설, 간판, 차폐시설, 냉난방기, 소방시설, 내부 사인물 디자인, 네트워크 작업까지… 항목들이 하나둘 늘어나며, 감당해야 할 금액은 점점 무거워졌다.
이제는 단순히 '어떤 업체를 고를까?' 문제가 아니라, '어떻게 상황을 잘 해결할 수 있을까?' 고민하게 되었다.

병원 공간을 만든다는 것은 규모가 크고 중요한 작업이었기에, 마음 한구석엔 부담과 두려움이 자리했다. 그럼에도 그동안 차곡차곡 쌓아온 지식과 경험을 바탕으로, 결심했다.
"그래, 까짓거 직접 해보자."
그리고 늘 그렇듯, 남편은 나를 믿고 지지해 주었다.
"당신이라면, 잘 해낼 수 있을 거야."

그 한마디에 용기가 생겼고, 떨렸지만 또 한 걸음 내디딜 준비가 되었다.

　계약 만료일이 얼마 남지 않아 압박감이 점점 밀려오던 그때, 지인의 소개로 목수 배 반장님을 만나게 되었다. 손으로 그린 조악한 도면 한 장을 들고, 쭈뼛쭈뼛 말문을 열었다.
"이런저런 사정으로 직접 인테리어를 해보고 싶은데, 도와주실 수 있나요? 부탁드립니다."
지금 생각해 보면, 그런 용기가 도대체 어디서 나왔을까 싶다.
반장님은 주저없이 고개를 끄덕이며 답하셨다.
"하고 싶은 거 다 해보세요. 그 정도 알고 있으면 같이 해볼 만합니다. 머릿속에 있는 그림을 잘 설명하면 같이 만들어 보죠. 하지만 비용은 업체에 맡길 때와 큰 차이가 안 날 겁니다. 원래 일이라는 게 100을 생각하면 120~130이 들거든요. 그래도 직접 하면 분명 더 좋은 재료로 할 수 있고, 마음에 드는 결과물이 나올 겁니다. 허허... 마음 편히 고민해 보시고, 결정되면 연락 주세요."
험한 작업이 켜켜이 쌓여 드러난 투박한 마디마디, 세월이 묻어 있는 손에는 세상의 무게가 느껴졌지만 이상하게 따뜻함이 전해졌다.
말투는 무뚝뚝했지만, 배려심은 나무처럼 단단하고 깊었다.

준비한 도면 한 장

정확한 도면을 위해 상황에 맞는 동선을 따라 시뮬레이션하고, 효율성, 시선과 공기의 흐름까지 하나하나 짚어가며 최적의 구조를 고민했다. 자려고 누워도 머릿속은 온통 공간을 나누는 일로 가득했고, 어떤 날은 자다 말고 벌떡 일어나 다시 그려보기도 했다. 수차례 수정을 거듭한 끝에, 마침내 마음에 드는 도면을 완성할 수 있었다.

그것은 단순한 설계도가 아니었다.
낯선 일 앞에서 움츠리지 않겠다는 의지, 남편과 병원 식구들, 환자 모두를 위한 공간을 만들겠다는 마음, 그리고 지금의 나를 스스로 증명해 보이고 싶다는 다짐이 켜켜이 얹힌 나와의 약속 같은 것이었다.
그래서였을까. 도면은 '공간의 지도'이자, 시간을 지나온 다짐과 성장을 그려낸 흔적이었다. 그 한 장을 들고, 하고 싶은 대로 만들어 주시겠다는 반장님만을 믿고 '배짱 있게' 시작했다.

첫 작업은 '먹작업'이라 불리는 바닥선 긋기였다.
다음 날 새벽부터 트럭에는 목재가 가득 실려 오고, 목수팀, 설비팀, 전기팀... 많은 작업자분들로 활기를 띠었다. 각오는 했지만, 정신이 하나도 없었다. 모든 계획이 머릿속에만 있다 보니, 여기저기서 나를 찾았고, 결정해야 할 일들이 쏟아졌다. 분야별 세부

도면도, 정확한 작업지시서도 준비되지 않았던 상황을 다들 혼란스러워했다. 그럼에도 불구하고, 반장님과 오랜 시간 손발을 맞춰온 분들이라서 나의 '서툶'을 너그럽게 받아주셨다. 조용히 기다려주시고, 때로는 전문가로서 아낌없는 조언을 건네주시며 부드럽게 긴장을 풀어주셨다.

   공사 중 고군분투, 그 속에서 커진 나.
   현장의 하루는 늘 이른 아침부터 시작했다.
아침 7시 이전, 첫 번째로 도착해 문을 열고, 해야 할 일을 떠올렸다. 간단한 간식과 커피를 준비하며, 작업자분들을 맞을 준비를 마쳤다. 다행히도 모두들 능숙한 손놀림으로 자기 몫을 척척 해냈고, 덕분에 공사는 예상보다 훨씬 순조롭게 흘러갔다.

   그러나 낮시간의 고됨이 가시기도 전에, 밤에는 또 다른 '나 홀로 공사'가 찾아왔다.
의료시설은 일반 인테리어와 달랐다. 법령과 기준이 까다로웠고, 철저히 갖춰야 할 조건들이 많았다. 문제는, 목재를 제외한 거의 모든 자재를 직접 찾고 공정 시기에 맞춰 준비해야 하는 점이었다. 하나하나 조건을 살피고, 적합한 자재를 찾아야 했다. 낯설고 버거운 기준 앞에서 눈은 충혈되었고, 머릿속은 엉켜서 복잡해져만 갔다. 틈만 나면 대리점, 공장, 납품업체를 오갔다. 배관 파이프부터 수도꼭지, 차폐용 납, 전등 하나까지, 어떤 것도 허투루

고를 수 없었다.
나는 디자이너이자, 자재 담당자였고, 때로는 감리자이기도 했다.

  그 시절의 잠은, 늘 짧고 무거웠다.
페인트 색 하나를 고르는 일부터 소재와 마감 방식, 내부 디자인, 커튼과 가구에 이르기까지 결정해야 할 사안은 계속해서 밀려들었고, 하나를 넘기면 또 하나가 기다리고 있었다.
이사, 보안업체, 네트워크, 의료기기 구입, 인터넷 홈페이지 제작, 기존 건물 원상복구, 공사 비용 세무 처리까지… 끝이 보이지 않는 낯선 일들이 쉴 새 없이 폭우처럼 쏟아졌다. 피곤은 몸이 견딜 수 있는 정도를 넘어선 지 오래였으며, 어느새 마음도 지쳐가고 있었다.
그렇지만, 멈추지 않았다.
돌이켜보면, 그때의 날들은 단지 '일을 마친' 시간이 아니었다. 순간에 온전히 몰입하며 마음을 쏟아낸 끝에, 내면을 더 깊이 들여다볼 수 있었고, 생각보다 단단해진 자신과 마주할 수 있었다.

  함께, 마침내 완성된 꿈
  머릿속에서 수없이 그려왔던 그림이, 마침내 완성되었다. 대기실부터 진료실까지 햇살이 깊숙이 들어오는, 밝고 따뜻한 공간이 펼쳐졌다.

기분 좋은 긴장 속에서 새로운 곳으로 첫 출근을 하던 남편의 행복한 표정은 오래도록 기억에 남는다. 아이처럼 신나 하던 모습에 긴 시간의 고생과 피로가 사르르 녹아내렸다.
'정말 많은 날들이 이렇게 지나갔구나.'
고마움이 묵직하게 마음에 내려앉았고, 다 완성했다는 사실에 가슴이 뭉클했다. 기억에 스며든 대화, 함께 나눈 웃음, 사람들과의 정은 더욱 빛나는 순간이 되었다.

　하룻밤의 꿈처럼 흘러갔지만, 과정 속에서 배운 것들은 지금의 나를 이루는 단단한 자산이 되었다. 결코 쉽지 않았던 결정들, 매 순간 쏟아진 책임 앞에서도 멈추지 않았고, 함께했던 모든 이들이 힘을 모아 멋진 공간을 완성해 냈다.
그 과정을 지나며 깨달았다.
삶을 대하는 태도, 배우고 시도하는 자세가 얼마나 소중한지를.
배움은 혼자만의 일이 아니라, 사람들과 함께 나누며 더 깊어지는 일이라는 것도.

　새로운 배움
　시간이 흐르는 동안, 그때의 경험을 바탕으로 정식 인테리어 사업자로서 또 다른 길을 걸었다. 사촌 동생의 개원, 몇몇 리모델링, 의사회 사무실 인테리어까지… '우리 팀'과 함께 여러 곳의 공사를 진행했다.

돈을 벌겠다는 생각은 없었다. 함께 일하는 시간이 즐거웠고, 내 손으로 무언가를 만들어간다는 것이 여전히 설레는 일이었기에 감사하며 나누고 싶은 마음으로 기꺼이 했던 일들이었다.

몇 해 동안, 필요로 하는 곳으로 달려가 공사를 하길 수차례. 현장과 가까운 다른 공사장에서 화재가 발생하였고, 안타깝게도 인명 사고 소식을 접했다. 직접 목격하지는 않았지만, 충격은 고스란히 두려움으로 전해졌다. 천장 너머, 바닥 아래 깊숙한 곳. 보이지 않는 곳에 놓인 전기 배선과 설비가 얼마나 큰 위협이 될 수 있는지, 처음으로 무겁고 진지하게 마주하였다. 즐겁게만 해오던 일이, 누군가에게는 돌이킬 수 없는 결과를 가져올 수도 있다는 생각이 들자, 걱정이 밀려오며 마음이 흔들렸다.

긴 시간 고민한 끝에… 내려놓기로 결정했다.
좋아하고 아끼던 일이었지만, 제대로 공부한 적 없는 내가 더 이상 이 일을 할 수 없다고 판단했기에. 인테리어 일을 천천히 정리하고, 남편과 함께 할 수 있는 새로운 길로 발걸음을 옮기기로 했다.
다시 배움 앞에 섰고, 청각사 공부를 시작했다. 익숙하지 않은 용어, 버겁게 느껴지는 공부량, 낯선 분야를 또다시 시작하는 일은 쉽지 않았다. 하지만 모든 망설임 위에는, 단 하나의 마음이 있었다. '남편에게 도움이 되고 싶다.' 그렇게 다시 배움을 선택했다.

벽은 높았고, 느리고 서툴렀지만, 끝까지 포기하지 않았고, 결국 해냈다.

　지금은 병원 한편에 작은 청각 상담실을 마련해 소리가 잘 안 들리는 이의 이야기에 귀 기울이며, 그들에게 꼭 맞는 '소리'를 찾아주는 일을 하고 있다. 무엇보다 감사한 건, 이 일이 남편 한 사람만을 위한 것이 아니었다는 점이다. 귀 기울여 들어주는 일은, 생각보다 많은 이들을 도울 수 있는 일이었다. 그리고 모든 여정에, 언제나 남편이 함께 걷고 있다는 사실.
같은 방향을 바라보며, 말없이 발을 맞추어 나란히 걷는 사실 하나만으로도 하루하루가 얼마나 꽉 차는지 모른다.

　누군가는 묻는다.
"다음 생에는 어떤 일을 하고 싶으세요?"
나는 주저 없이 떠올린다. 가슴 뛰는 현장일을.
머릿속에서 맴돌던 자유로운 상상이 점점 현실이 되어가는 과정 속에서 느꼈던 짜릿한 희열.
부품, 자재, 색상 하나까지 모두 내 손끝을 거쳐 완성되어 갈 때, 단순히 일을 하는 사람이 아니라 '하나의 세계'를 만드는 사람이라는 기분이 들었다.
각자의 손끝에서 시작된 노력이 모여, 작품으로 완성될 때 우리는 말없이 마음으로 엮였고, 대단한 힘을 발휘했다. 서로 다른 도구와 기술, 속도와 방식이 하나로 어우러져, 마치 웅장한 오케스트라처럼 가슴 뛰는 순간을 만들어냈다. 그 벅참과 설렘은 내 인생 가장 찬란하게 빛나는 기억으로 남아 있다.

다시 태어난다면,

"진짜 건축가가 되고 싶다."

 지금도 배우는 중입니다.

몇 해가 지난 지금도, 함께 공사했던 분들과 여전히 안부를 나누며 지냅니다.

"근처 왔어요, 현장에 한번 놀러 와요."

지나던 길에 전화를 걸어주고, 누군가는 가만히 병원에 들렀다가, 작은 고장 하나를 슬쩍 고쳐주고 갑니다.

한 번은 "베란다 습기 때문에 걱정이에요." 했더니, 페인트 반장님이 집이 빈 사이에 다녀가셨어요.

소중한 시간을 내어 방습 페인트를 칠해 주시고는, "남는 페인트 있어서요." 하며 쑥스러운 듯 넘기셨지요.

그 시절, 함께했던 모든 분들은 '일을 가르쳐 준 사람들'이자, '인생을 가르쳐 준 선생님'이었습니다. 저를 믿고, 도와주셨던 분들 덕분에 많은 것을 배우고 성장할 수 있었습니다.

큰 스승 목수 배 반장님과 따뜻한 가족들,
대한민국 최고라 믿는 페인트 공 반장님과 이모님,
늘 바쁘지만 기꺼이 달려와 주신 유리 사장님,
말수 적지만 든든했던 금속 사장님,
그리고, 많은 지식을 가르쳐 주려 애쓰신 빡빡이 전기 반장님까지. 그분들이 보여준 인내와 배려, 말없이 흘린 땀과 웃음은 지금도 마음속에 소중하게 남아 있습니다.

　요즘 저는, 병원의 A/S 기사로 맹활약 중입니다.
전기온수기를 교체하고, 화장실 변기의 부속품을 갈고, 고장 난 천장등을 바꾸고, 공단 시스템이 바뀌면 네트워크를 새로 연결합니다. 이게 다, 그날의 질문과 관찰, 그리고 배움 덕분입니다. 현장에서 졸졸 따라다니며 귀 기울였던 시간들, 많은 분들의 넉넉한 가르침이, 지금의 저를 만들었습니다.

　그래서, 여전히 배우는 중입니다.
아마 앞으로도 오래 그럴 겁니다.

　모든 순간을 함께해 준 따뜻한 손길들과 가르침에, 감사합니다.

아들아

　한 소년이 나비가 번데기를 벗고 나오려 애쓰는 모습을 지켜보다가, 몸부림이 안쓰러워서 가위로 껍질을 조금 잘라주었단다. 그러자 나비는 힘들이지 않고 나올 수 있었어. 하지만, 날개는 쪼그라들고 제대로 날지 못한 채 평생을 기어다녀야만 했지.

　스스로 한다는 것, 고통과 애씀.
그 안에서의 배움은 더 나은 성장을 위해 우리 인생에 꼭 필요하다는 걸 보여주는 이야기야. 누군가 대신 열어주는 세상보다, 스스로 뚫고 나와 만난 세상이 진짜 네 세상인 거야.
그러니 어떤 일이든 외면하지 않고, 관심을 기울이고 배우려 했으면 좋겠어. 젊은 날은 무엇이든 해 볼 수 있는 힘과 시간이 있잖니. 다양한 사람들과 함께하는 경험이 인생의 든든한 디딤돌이 되어줄 거야.

　젊었을 때, 엄마도 단순히 용돈을 벌기 위해 했던 다양한 일부터 결혼하고 가족을 위해 용기 내어 했던 도전들까지 인생에 커다란 가르침을 주었단다.
생산공장, 카페, 당구장, 아이스크림 가게 일부터, 과외, 안내일, 의류 브랜드 피팅모델, 학생 대표로 토론 방송에 참여했던 경험까지... 처음 접하는 곳에서 새로운 일을 배워가면서 여러 사람을 상대하는 시간들이 때론 부끄럽고 어렵게 느껴질 때도 있었지.
하지만, 관심을 갖고, 어깨너머로 배우려 했던 태도 덕분에 타인의 생각과 삶을 가까이에서 볼 수 있었어. 그런 시간들이 있었기에, 나중에 인테리어라는 낯선 분야에도 겁먹지 않고 용기 내어 도전할 수 있었던 것 같아.

  사람들이 엄마에게 물어보곤 하지.
고집 있고 어쩌면 조금은 거친 현장일을, 그것도 남자 작업자분들과 어떻게 함께 하였냐고. 사람이 하는 일은 '마음'에서 시작된다고 생각해. 표현에 서툴고 모난 부분이 있더라도, 마음을 먼저 들여다보면 그 안에 숨은 진심을 볼 수 있단다.
사람으로 연결된 일 속에서, 우리는 서로를 이해하고, 배우고, 함께 성장해 가는 거야.

  그래서였을까, 목수 반장님의
"다 돼! 뭐든 할 수 있어요." 라는 응원 한마디에서, 용기를 건네는 지혜를 배웠고, 덕분에 낯선 일 앞에서도 한 발 내디딜 수 있었지. 자신의 자리에서 묵묵히 최선을 다하고, 아는 것을 아낌없이 나누는 분들의 모습은 그 자체로 본보기가 되었기에, 마음 깊이 존경하게 되었단다.

사람은 결국 사람에게서 배우는 거야.
늘 마음을 열고, 누군가의 말과 행동에서 배울 점을 찾으며 살아가렴. 진심으로 스승이 되어주는 분들과는 나이나 모습에 상관없이, 금과 같은 관계를 맺어가길. 인생의 스승은 멀리 있는 특별한 존재가 아니라, 가까이에서 성실히 자기 삶을 살아내는 이들일지도 모른단다.
네가, 진심을 알아보는 맑은 눈과 사려 깊은 마음을 지닌 사람이기를 바란다.

여러분은 삶을 더 깊고 넓게 만들어 준 배움의 경험이 있으세요?
그 일이 어떤 변화와 가르침을 주었나요?
자녀에게 배움의 태도에 대해
조언해 주고 싶은 말이 있다면 전해주세요.

소 유

비움과 채움,
그 안의 균형

아이 어른

어른 세대의 많은 분들이 그러했듯이, 아버지는 몇 대를 이어온 장손으로 부모님과 일곱 남매 동생들의 생계를 책임져야 했다. 일 년에 열두 번이 넘는 제사를 꼬박꼬박 지내며 집안의 경제까지 도맡아야 한다는 건 참으로 가혹한 짐이었으리라. 자식들 앞에서는 괜찮은 척, 단단한 존재로 보이려 애썼지만, 내 눈엔 삶의 무게에 짓눌린 채 달팽이가 코끼리를 지고 가는 것처럼 위태로워 보였다.
금방이라도 바스러질 것처럼...

그래서였을까. 어린 나는 일찍 철이 들어버렸다. 작은 것 하나 사달라는 말조차 꺼내지 못했다. 부모님의 삶이 너무나도 버거워 보여서, 깃털 하나라도 더 얹고 싶지 않았기에.
이런 배경 덕에 어른이 되어서도 누군가에게 마음을 줄 때, 장남이라고 하면 괜스레 경계심이 생겼고, 자연스레 이상형의 조건엔 '장남은 제외'가 새겨져 있었다.
그때부터였던 것 같다. 삶을 지키기 위한 나름의 신념이 자리 잡기 시작한 건. 어른이 되면 힘껏 벌어, 누구에게도 휘둘리지 않고 가족의 삶을 생채기 하나 없이 지켜내리라 마음먹었다.
아이였지만, 현실 앞에서 너무 빨리 어른이 되어버렸다.

신혼. 아무것도 없었지만, 모든 게 있었던 시절

부모님께서 작지만 목돈을 보태주셔서 신혼을 시작할 수 있었다. 가진 건 적었고 갑작스레 서두른 결혼이어서 도움을 요청하기도 조심스러웠다. 첫 보금자리는 9천만 원짜리 전셋집, 그 절반은 대출이었다. 매달 이자와 원금을 갚아 나가다 보니 생활비는 늘 빠듯했다.

그런데 이상하게도 불행하지 않았다. 돈이 없으면 곧 불행할 거라 믿었던, 어린 시절의 생각과는 달랐다. 사랑하는 사람과 하루하루를 지내며, 물질은 내 행복의 필수가 아님을 조금씩 깨달았다. 작은 집 안 가득 퍼지던 설렘, 퇴근하는 남편을 마중하러 다니던 소란스럽고 정겨운 시장길, 소꿉놀이하듯 서툴게 차려낸 밥상을 마주하며 나누던 한 끼, 모든 순간은 더 바랄 것 없이 충분했다. 친구들이 십시일반 모아 선물해 준 전자레인지, 밥솥 하나도 그토록 귀하고, 또 고마울 수 없었다.

부족한 것은 많았지만, 마음만은 넘쳐났다.

'아는 사람 없으니까 괜찮아. 사람들은 나에게 관심이 없어.'
　그 시절, 속으로 되뇌던 주문이다. 빚을 조금이라도 갚아보려고 남대문 지하상가 옷 가게에서 아르바이트를 시작했다. 결혼 전 하던 일과 관련이 있었고, 의류 도매 일을 배우는 거라고 스스로를 위로했다. 매캐한 옷 먼지와 사람들 몸에서 배어 나오는 열기가 뒤섞인 끈적하고 답답한 공기 속, 한 평 남짓한 좁은 지하 옷 가게. 아줌마들로 북적이는 곳에서 내 발보다 작은 선반 귀퉁이에 아슬아슬하게 올라가 팔아야 할 옷을 직접 입고 "신상 보고 가세요!"를 외치며 호객을 했다.
내 나이 스물다섯.
자존심도 세고 창피한 것도 많았던 젊은 날, 밀려오는 부끄러움에 결코 그 일을 감당하기란 쉽지 않았다. 몇 달 뒤, 일이 익숙해질 즈음 임신 사실을 알게 되었고, 지하의 탁한 공기가 태아에게 해가 될까 걱정되어 결국 일을 그만두었다.
서툴고 부족한 만큼 어려웠지만, 마음만은 단단했던 젊은 날의 용기가 아직도 선명하다.

　아이가 태어난 후, 더 알뜰하게 살았다.
동대문에서 천을 사다 직접 기저귀를 만들어 빨고 살았다. 겨울엔 너무 추워서 가스 불 위에 커다란 대야를 올려 물을 끓이며 집

안을 데우곤 했다. 삼만 원쯤 주고 산 접히는 유모차. 그 하나로 사방팔방 얼마나 잘도 돌아다녔던지, 지금도 눈에 선하다. 돌아보면 한 푼도 허투루 쓰지 않았고, 쓸 때는 반드시 '이유'와 '계획'이 따라야 했던 시절이었다.
"돈 부족하지 않냐, 힘들지 않냐." 는 부모님께
"저희 돈 많아요. 충분해요." 라고 언제나 씩씩하게 대답했다.

아이 한정 사치

남편이 수련의와 군 생활을 차례로 마치고 개원한 뒤, 감사하게도 병원은 큰 문제없이 자리를 잡아갔다.
그때부터였다. 마음속 쌓여 있던 한을 풀 듯, 아이를 위해서라면 무엇이든 아낌없이 쏟아부었다. 돈이 곧 행복을 보장해 주는 건 아님을 알면서도 '이제는 마음껏 해줄 수 있다.'는 사실 하나만으로도 좋았고, 그런 기쁨으로 아이 한정 사치를 부렸다.

스키장에 자주 머물던 어느 겨울, 산 아래에서 내려오는 아이를 기다리고 있었다. 자칫 근사한 장면을 놓칠까 봐, 눈을 치켜뜨고 고개를 한껏 뒤로 젖혔다. 점처럼 흩어진 수많은 사람들 사이에서 열심히 실루엣을 찾으며, 시린 발끝을 옮기던 그때.
하얀 슬로프를 따라 작은 몸으로 눈보라를 일으키며 내려오는 모습이 너무나 눈부셔서 바라보는 것만으로도 가슴이 벅차올랐다.

그런데 갑자기 알 수 없는 감정이 밀려왔고, 눈물이 핑 돌았다. 원하는 것을 다 해줄 수 있음이 감사하면서도, 설명할 수 없는 서늘한 그림자가 스쳤다.
'나중에 이 아이가 마음껏 하고 싶은 일을 못하게 되면... 지금의 찬란한 기억이 오히려 상실감이 되어 돌아오지는 않을까?'
행복의 절정에서 불안이 드리웠지만, 짧은 감정은 금세 흩어졌다.

돈, 긴 숙제의 끝에서

긴 시간, 빚을 갚아야 했고 집도 마련해야 했다. 아이에게 필요한 지출 외에는 작은 소비조차 신중했다. 세월이 지나고, 아들이 대학에 들어가면서 학교 근처로 자연스럽게 독립을 하였다. 덕분에 우리 부부는 병원 가까운 곳으로 이사를 할 수 있었고 몸도 마음도 한결 가벼워졌다.

그러던 어느 날, 인생에서 다시는 떠올리고 싶지 않은 암흑 같은 고통의 밤이 찾아왔다. 우리는 생사의 경계를 오가는 참혹한 시간을 지나야 했다. 돈으로는 결코 막을 수 없는 순간이었다. 다행히 곁에서 함께 울어주고 걱정해 준 많은 이들이 있었다. 그 진심이 큰 위로와 힘이 되었고, 덕분에 버틸 수 있었다.
그때부터 '돈'의 본질은 우리 안에서 서서히, 그러나 분명하게 달라지기 시작했다. 이전과는 다른 시선으로 물질적 소유를 바라보게 되었고, 그 과정에서 비로소 진짜 소중한 것이 무엇인지 생각하게 되었다.

  마음이 바뀌니, 태도도 달라졌다.
가까운 사람들을 위해 기꺼이 베풀 수 있었고, 조금도 아깝지 않았다. 오히려 '잘 썼다'는 만족이 들어서, 내면은 편안하고 여유로워졌다. 버는 돈의 일부는 다시 세상에 돌려주자는 생각도 자리 잡기 시작했다. 기부를 실천하며 나눔이 주는 더 큰 기쁨을 느꼈고, 타인의 삶을 바라보는 마음에도 진심이 깃들었다. 모든 변화는 결국 지금 이곳에 머물 수 있는 것에 대한 감사였다. 비로소 내 삶에서 돈이 주인이 아니라, 살아가는 시간을 위한 도구가 되어가고 있다는 안도감이 자리 잡았다.

  '의기', 균형을 지키는 일
  '돈'은 참 묘하다.
충분한 거 같으면서도 어딘가 부족하게 느껴지고, 욕심부리지 않으려 해도 또 어느샌가 집착하게 되고… '더 채우기'와 '잘 쓰기' 사이에서 고민을 한다. 그럴 때 내 마음을 붙잡아 주는 지혜가 있다.
고대 중국 철학적 의미를 담은 그릇, 의기(欹器).
비어 있으면 한쪽으로 기울고, 반쯤 채우면 곧게 서며, 가득 채우면 넘어지는 구조로 '적당함'의 균형과 이치가 담겨 있다.

삶도 돈도 지나치게 채우려 함은 결국 불균형을 부르고, 안정된 듯 보이던 모든 것을 한순간에 쏟아버리며 본래의 자리를 잃게 된다. 물질은 분명 삶을 풍요롭게 만든다. 하지만 더 많이, 더 빨리, 더 크게 채우려는 욕심은 소중한 것들을 무너뜨릴 수도 있다. 만족은 오래가지 못하고, 오히려 갈증과 불안을 낳아 삶의 근본을 흔들며, 우리가 지켜야 할 소중한 가족과 건강, 그리고 마음의 평화까지 잃게 될 수 있다.

물질적 소유는 늘 숙제였지만, 다행히도 살아오며 그 무게에 삶이 휘둘리진 않았다. 돈을 많이 벌어 인생에 생채기를 내지 않겠다는 어린 시절 품었던 어설픈 신념은 결국 다른 다짐으로 지켜낼 수 있었다.
진짜 성공은 부의 크기가 아니라 내면을 조율하고 나를 단단히 세우는 데서 시작된다. 결국은 마음을 다스리는 일. 조금 더 내어주고 여유와 행복을 아는 사람, 그런 사람이 진짜 부자일지도 모른다.

길고 복잡했던 숙제를 풀어가며, 무엇이 내 삶에 진짜 빛을 더해주는지 되뇌어 본다. 의미 있는 일을 하며, 내 안의 의기가 흔들리지 않도록 균형을 지키고자 한다.
그렇게, 진짜 소중한 것을 잃지 않으며 살아가고 싶다.

아들아

　25살의 엄마는 결혼 후, 문 뒤에 '10년 계획표'를 붙였어. 언제쯤 어떤 방식으로 얼마를 모아 집을 마련할지 구체적인 목표를 빼곡히 적어두었지. 계획을 지키기 위해 알뜰히 살림을 꾸리고, 예금과 적금을 부지런히 챙기며 성실히 저축했단다.
당시엔 "주식을 하면 집안이 망한다.", "빚을 지는 삶은 불행의 시작이다." 같은 말을 어른들로부터 자주 들었어. 그래서 투자는 무조건 피하고, 빚 없이 사는 것이 최선이라 믿었지.
돌이켜보면, 그 믿음이 반드시 옳았던 것은 아니었단다. 조금 더 열린 시선으로 배웠다면 어땠을까 하는, 아쉬움도 있어.

　외할머니께서 자주 하시던 말씀이 있지.
"부모 돈은 검불이다." 쉽게 얻은 돈은 소중함을 알기 어렵고, 더 쉽게 흘러 나가기 마련이라는 뜻이야. 어릴 땐 친구들 부모님께서 아파트며 차를 척척 사주는 걸 보면 부러운 마음이 들기도 했지. 하지만 시간이 흐르고 나니 알 수 있었단다. 내가 돈을 스스로 배우고 다룰 수 있도록 기다려주신 부모님, 그분들이야말로 정말 현명하셨다는 걸.

엄마도 그런 부모가 되고 싶어.
당장의 도움을 주는 대신, 스스로 관심을 갖고 공부하며, 경험의 기회를 주는 부모 말이야. 그런 공부라면, 언제든 기꺼이 응원하고, 도울 준비가 되어 있어. 네가 바라는 경제적 여유에 닿기 위해서는 성실히 벌고, 지혜롭게 지키며, 감각 있게 불리는 능력이 함께 필요하단다. 좋은 투자 서적을 읽고, 경제 뉴스를 꾸준히 살피며, 세금 제도의 변화에도 관심을 가져보렴. 소액으로 직접 투자해 보면서, 실패해 보고 부딪치며 익히는 경험은 정말 중요하단다. 주식이든, 연금이든, 외환이든, 부동산이든 흐름을 읽어내는 힘은 단기간에 생기지 않아. 매일같이 공부하고, 관찰하며, 시간에 공을 들여야 비로소 길러지는 능력이란다.

　실전 감각을 익히고 경제 공부를 하라고 말하는 이유엔, 사회의 허술한 현실도 있어. 학교에서도 가정에서도 실질적인 경제 교육은 턱없이 부족하거든. 집을 계약할 때 필요한 지식부터, 주식·펀드·연금·보험·부동산·세금에 이르기까지… 살면서 반드시 알아야 할 것들이 너무도 많은데, 정작 그런 내용은 아무도 제대로 가르쳐주지 않지.
엄마도 꼭 필요한 순간이 되어서야 부랴부랴 정보를 찾아야 했고, 결정해야 할 시점에 닥쳐서 급하게 대응하느라 참 버거웠단다. 갑자기 눈앞에 펼쳐지는 낯설고도 부담스러운 문제들이 당혹스럽고 놀라웠지만, 그 상황을 마법처럼 해결해주는 행운 같은 건 없었어. 그러니 너는, 미리 조금씩 준비하며 삶을 다루는 힘을 단단히 길러가길 바란다. 지금은 가진 것이 많지 않아, 이 모든 이야기가 멀게 느껴질 수도 있을 거야. 하지만 시간은 생각보다 훨씬 빨리 지나가지.

무엇보다 중요한 세 가지.
넉넉한 삶을 꿈꾼다면, 먼저 네 안의 '의기', 곧 생각과 마음을 담는 그릇부터 바르게 세워야 해. 지식과 마음을 함께 단련해서, 내면을 단단하게 빚어가길 바란다. 좋은 직업을 갖는 건 단지 부유해지기 위해서가 아니란다. 더 크고 의미 있는 일을 하며, 세상에 선한 영향력을 줄 수 있기 때문임을 잊지 마.

그리고 꼭 기억하렴.
세상에 땀 없이 얻어지는 진짜 공짜는 없단다. 눈 앞의 이익에 흔들리지 말고 정직함을 지키는 사람이 되길 바란다. 작은 유혹 앞에서도 양심을 지키는 용기, 그런 마음이 결국 너를 진짜 부자로 만들어줄 거야.

그리고, 무엇보다 베풀며 살아가길.
함께하는 세상이기에, 네가 받은 만큼, 아니 그 이상을 따뜻하게 나눌 수 있는 마음의 여유를 잃지 않기를. 가진 것의 크기보다, 소유를 아름답게 다루는 태도로 존중받는 사람. 품격 있는 삶을 살아가는 사람이 되기를 바란다.

어릴 때 부모님께서는 늘 강조하셨어요. "보증은 절대 서지 마라."
시대가 바뀌면서 전하고 싶은 당부도 달라졌지요.
자녀에게 돈에 관한 어떤 말을 전해주고 싶으신가요?
살면서 물질을 어떤 태도로 대해야 하는지 조언해 주세요.

이야기 2
듣고 싶은 우리 이야기

첫 번째. 기억의 조각을 주워 담아요.

어린 시절, 가족, 친구, 꿈 등 삶의 흔적들을 알고 싶습니다.

시간 속 잊혀진 기억의 조각들을, 조심스레 꺼내어 보여주세요.

학창 시절, 특별한 추억은 무엇인가요?

당신은 어떤 아이였나요? 자라면서 부모님께 어떤 존재였나요?

형제자매와 함께한 시간 중, 지금도 기억에 남는 일은 무엇인가요?
젊은 시절, 마음으로 품었던 꿈은 무엇이었나요?
가장 의미 있는 물건이나 선물이 있다면, 어떤 사연이 담겨 있나요?

두 번째. 마음이 말을 걸어올 때
감정, 고마움, 후회, 사랑처럼 내면의 이야기가 궁금합니다.
마음 구석에 남아 있는 말들, 이제는 조심스레 묻고 싶어요.

"고맙다."고 전하고 싶은 사람이 있나요?
용서하지 못했던 누군가를 이제는 이해할 수 있을까요?
혹은 용서를 구하고 싶은 일이 있나요?

'말하지 못한 채 마음속에 묻어둔 이야기'가 있다면,
지금 여기에 꺼내어 주실 수 있나요?
지금까지 살아오며 가장 후회되거나 아쉬운 선택은 무엇이었나요?
요즘 마음에 가장 오래 머무는 생각은 무엇인가요?

세 번째. 내 안의 또 다른 나에게

상상이나 환상 속, 한 번쯤 꿈꿔 본 인생의 이야기를 듣고 싶어요.

살아보지 못한 삶, 그려보기만 한 모습.

그 상상의 너머에 있는 또 다른 '당신'을 만나고 싶어요.

죽은 뒤, 다시 3일의 시간이 허락된다면,

꼭 해보고 싶은 버킷리스트가 있나요?

당신의 삶이 한 편의 영화라면, 클라이맥스는 어느 시절이고,

마지막 장면은 어떤 풍경일까요?

만약 지나온 인생에서 원하는 나이로 돌아가 다시 살아볼 수 있다면, 몇 살로 돌아가서 어떻게 살아보고 싶으세요?
단 하나의 소원을 빌 수 있다면요?

네 번째. 소소한 취향

사소하지만, 묻지 못한 채 지나가 버리면 언젠가 후회될까 봐,
지금 여쭤보고 싶어요.
음식, 장소, 영화, 여행... 당신을 미소 짓게 했던,
작고 다정한 기쁨들에 대한 이야기를 들려주세요.

잊을 수 없는 음식은 무엇인가요?
그리고, 즐기는 과자나 커피, 술 종류도 궁금해요.
가장 즐거웠던 여행지는 어디였나요?

누군가가 먼저 떠난 사랑하는 가족을 찾아가는 길에, 그가 좋아
하던 꽃과 색을 몰라 한참을 망설였다고 했어요.
당신은 무슨 꽃, 어떤 색을 좋아하시나요?
마음에 오래 남아 있는 노래, 영화, 드라마에 대해 얘기해주세요.

다섯 번째. 나에게 남기는 글
나에게 쓰는 편지

나는 어떤 삶을 살아왔고,
인생에서 끝까지 놓지 않으려 했던 가치는 무엇인가요?
지금의 나에게, 혹은 언젠가 마주하게 될 10년, 20년 후의 나에게 해주고 싶은 이야기를 담아서, 글로 남겨보세요.

이야기 3
가족의 시간 속, 발자국

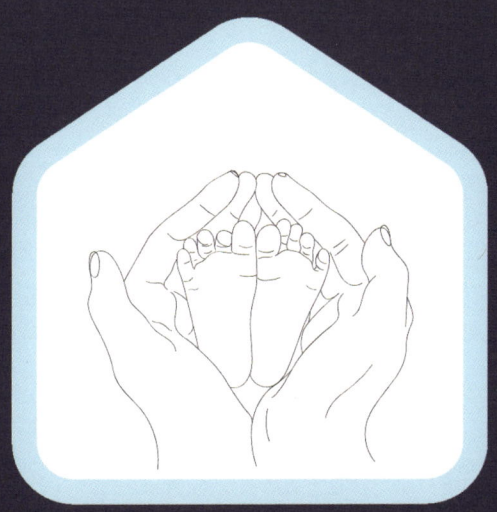

결 혼

결혼식 흑역사

나의 결혼식

서툰 어른의 시작.

스물다섯 살에 결혼을 했다. 남편은 스물아홉이었다. 푹푹 찌는 여름이었고, 마음에는 여유 한 조각도 없었다. 거울 속 모습은 지나치게 진한 화장으로 촌스러웠고, 한껏 부풀려진 예복 탓에 낯설었다.

우리는 만난 지 몇 달 되지 않아 결혼을 마음먹었고, 짧은 준비 기간만큼 과정도 순탄치 않았다. 갑작스러운 결정에 부모님은 조금 더 신중하길 바랐고, 같은 해 봄, 형의 결혼식을 치른 시부모님은 난감해하셨다.

결혼식은 호텔에서 올렸다.

무더위에도 먼 길을 달려와 준 고마운 분들이 많았지만, 그 고단함을 미처 생각하지 못한 채, 보란 듯이 그럴듯하게 해내야겠다는 마음뿐이었다. 식장은 여기저기서 들려오는 소란스러운 잡담과 부산한 움직임으로 가득했다. 어느 순간 나는 마치 시장 한가운데 서 있는 듯한 기분이 들었다. 준비한 음식은 모자랐고, 드라마에서 보던 차분한 품격과는 거리가 멀었다.
순간순간이 급하게 스쳐 지나가듯 흘러갔고, 정신을 차렸을 땐 이미 예식이 끝나 버렸다.

   세월이 흐른 뒤에야 알았다.
얼마나 미흡했고, 많은 이들에게 불편을 끼쳤는지. 뒤늦게 찾아온 미안함과 부끄러움이 남았지만, 이미 되돌릴 수 없었다.
우리는 정말 아무것도 몰랐다. 너무 어렸고, 세상도, 결혼도 잘 몰랐다. 그럼에도, 우리는 결혼을 했다. 부족함과 혼란 속에서도, 서로를 붙잡았다.

   어설픈 시작이었지만, 지금 참 잘 살고 있다.

너의 결혼식? 좋은 나이, 나처럼만 하지 마

젊고 예쁜 나이,
공기마저 달콤한 그런 날.
모두의 축복을 받으며,
얼굴마다 미소와 행복이 가득한
배려심 넘치는 따뜻한 결혼식.

크고 화려하지 않아도 괜찮아.
스몰 웨딩도 좋고, 초미니 웨딩도 대세!
과한 격식은 생략하고,
그 비용은 재미난 신혼여행에 쓰는 것도 찬성 100%.

함께 고민하고, 함께 결정했다면,
우리는 뭐든지 OK! 전폭 지지!

돌이켜봤을 때,
"그때 결혼식 참 좋았다, 행복했다"
떠올릴 수 있는 유쾌한 추억 한 조각이 되기를.

서로를 믿고, 사랑하는 마음으로 요이~ 땅!
아니다 싶으면?
잠깐 멈춰도 돼.

드라마 '폭싹 속았수다'에서, 아버지가 딸 금명의 결혼식장에서 외치던 장면이 오래도록 마음에 남았습니다.
"수틀리면 빠꾸!"
겉으로는 거칠고 투박했지만, 그 속엔 '힘들면 언제든 돌아오라.'는 묵직한 아버지의 사랑이 담겨 있었지요. 혹시라도 딸이 상처받고 휘청일 때, 든든한 마음의 안전지대가 되어주겠다는 선언이었습니다.
저도 아이에게 말해주고 싶습니다.
"엄마가 여기 있을게. 하고 싶은 거 다 해!"
흔들리는 인생에서, 언제든지 마음이 쉬어갈 수 있는 그런 부모이고 싶습니다.

아들아

　어른이 되어 처음 이성을 만났을 때, 사랑은 '좋은 사람을 만나는 일'이라 생각했단다.
'좋은 사람'이란, 배경도 괜찮고, 외모도 뛰어나고, 거기에 성품까지 훌륭한 사람이었지. 지금 생각해 보면, 참 많이도 욕심을 냈던 것 같아. 살면서 그 시절의 내 저울질이 누군가에겐 상처였을지도 모른다는 생각이 밀려올 땐, 미안함이 마음을 묵직하게 누를 때가 있어.

　아빠를 만난 건, 운이 좋았던 시기였지.
이성을 만나고 헤어지는 과정을 겪으며, 조건에 대한 욕심과 서툰 감정 표현, 상대에게 바라는 마음의 차이로 지쳐 있을 때였거든. 사랑이란 감정이 혼란스러워서, 누군가를 억지로 만나려 하지 말고 차라리 일에나 집중하자 생각했던 때라 머릿속이 한결 가벼웠었지.
데이트를 하자고 조르던 아빠는 수련의 생활을 하느라, 연이은 당직에 일주일 동안 잠을 자는 시간이 몇 시간에 불과할 정도로 힘겨운 시기였어. 결국 어쩔 수 없이 병원으로 가서, 그냥 저녁이나 함께 먹자며 만난 날이었지. 꽤 오래 기다렸지만, 일은 끝나지 않았고 엄마는 병원 진료실 한쪽, 좁은 방에서 하염없이 아빠를 기다려야 했단다.

　그때 문득 눈에 들어온 건, 작은 소파 한쪽에 신다 벗어놓은 여러 켤레의 양말들이었지. 별다른 뜻 없이, 세면대에서 하나하나 빨았단다. 라디에이터에 널고, 좁은 방을 닦고 정리했어.
무슨 대단한 마음을 먹은 건 아니었어. 그저, 비누 향이 나는 깨끗한 양말을 신으면 기분이 조금 나아지지 않을까, 지친 몸으로 방에 들어왔을 때 정돈된 공간이 있다면 행복하겠다 싶은 마음이었단다. 단순히, 그곳에 머무르는 사람에게 무언가를 해주고 싶은 마음이었지. 아빠는 그런 마음 씀씀이에 반해서 '이 사람과 꼭 결혼해야겠다.'는 생각이 들었다고 하더구나.
그렇게 우린, 부부가 되었단다.

　하지만 살다 보니 서로 챙겼던 마음조차 점점 희미해질 때가 있더라. 처음에는 무엇이든 해주고 싶은 마음뿐이었는데, 어느 순간부터 다른 사람과 비교하며 마음이 좁아지고, 내 입장을 내세우며 그것이 옳다고 믿었지. 나도 모르게 '왜 몰라줄까?', '나만 이렇게 애쓰는 건가?' 하는 기대와 서운함이 쌓이곤 했어.

　얼마 전 김훈 작가님의 『허송세월』이라는 책에서 이런 글을 읽었어.
병원에서 간호사가 '아버님'이라고 부르는 것이 불편하다는 이야기였지. 입장을 바꿔, 간호사에게 '딸아'라고 부르면 미쳤다고 할 거라는 글에 순간 아차 싶었단다.
나 역시 존중이라 믿고 늘 써온 말들이었는데… 누군가에겐 불편했을 수 있겠다는 생각이 닿자 무척 당황스러웠어. 누구나 저마다의 기준과 시선을 가지고 있다는 당연한 진리를, 얼마나 자주 놓치고 있었는지.

 특히 사랑은 '같이 살려면 당신은 이래야 해' 라고 내 기준에서 옳고 그름을 주장하며 상대에게 강요하는 마음을 갖는 순간부터 점점 지치고 멀어지게 되더구나. 생각이 다름에도 불구하고, 모두 내려놓고 타인의 기준에 억지로 맞추며 살아간다는 건 쉬운 일이 아니니까.

 아들아, 아빠가 늘 말하듯 '저 사람은 내가 아니니까'를 기억하면 좋겠구나. 서로를 바꾸려 하기보다, 있는 그대로를 바라볼 수 있는 사람이 되기를 바란다. 너의 기대 안에 누군가를 가두지 말고, 네가 먼저 넓은 사람이 되어주렴.

 결혼이란, 함께 오래 머무는 일이란다.
기쁨과 슬픔, 젊음과 늙음, 건강과 병듦을 함께 지나가는 일, 그리고 아이가 태어나고 자라고, 부부가 늙고 한 사람을 먼저 보내는 시간까지… 모든 순간들이 두 사람의 사랑이라는 틀 안에 담기게 될 거야. 그러니 결혼을 결심할 때는 그 '긴 여행'을 동행하고 싶은 사람인지 스스로에게 물어보렴.
함께 여행을 시작하기로 결정했다면, 여분의 배터리를 챙기는 것처럼, 네가 건넬 수 있는 깊고 넉넉한 마음을 더해서 꼭 준비하거라. 수많은 사람 중의 한 사람이 너의 인연이 되어준 놀라운 사실에 감사하는 마음으로 더 많이 베풀고, 덜 아프게 하며 살아가기를 바란다.
사랑은, 상대에게 기꺼이 내어주는 마음에서 시작되는 거야.

너에게 전하는 이 다짐은, 매일 마음속으로 되새기며 살아가는 엄마의 약속이기도 하단다. 때때로 불쑥 올라오는 감정 앞에서 '아직도 내 마음이 부족하구나.' 하며 다잡아본단다. 곁에 있음에 감사하며, 다름에서 생기는 불편한 순간을 조용히 눈감아 주는 연습을 해. 서로의 마음이 평온하게 머물 수 있도록 말이지.

그렇게, 오늘 후회되지 않을 모습으로 끝내는 한 사람 곁에 조용히, 끝까지 머무는 것.

그게, 진짜 사랑일지도 몰라.

결혼. 나의 부족함을 채워주길 바라기보다, 베풂의 마음으로
다가설 때 평온히 갈 수 있는 것 같습니다.
두 분이 만나서 결혼하고 살아온 시간을 되짚어 보면서
사랑하는 사람에 대한 마음가짐, 당부하고 싶은 말을 전해주세요.

부부

다름에서 닮음으로

스티커를 자국이 남지 않게 천천히 떼는 일을, 나는 잘하지 못한다. 중간에 찢어지기 시작하면 금세 인내심을 잃고, 결국 확 잡아 뜯어버리고 만다. 남편은 느리고 더디더라도, 오래 걸리는 일에 강한 사람이다. 자국 하나 남기지 않으려는 조심스러움이 나와는 참 다르다.
그는 늘 그런 손길로 나를 감쌌다.
조심스레 스티커를 떼어내듯, 자국도 흠집도 남지 않게 애쓰며. 아낌과 기다림으로 오랜 시간 결을 지켜주었다.

1+1이 되는데 족히 이십 년은 넘게 걸리는 일
나는 자장, 남편은 짬뽕.
나는 번개탄, 남편은 숯불.

나는 수채화, 남편은 수묵화.
나는 정해진 길이 편하고, 남편은 새로운 길을 경험해 보는 걸 두려워하지 않는다.
나는 잘 웃는 사람이고, 남편은 내 웃음을 보며 따라 웃는 사람이다.

　성격도 생각도, 맛의 취향까지 흰색과 검정처럼, 처음엔 참 달랐다. 너무 다른 두 사람이 어긋나지 않고 자연스럽게 맞물리기까지는, 시간과 조율 그리고 인내가 필요했다.

　남편은 타인에게 관대한 사람이었다.
"저 사람은 내가 아니니까, 그럴 수도 있지."
좌우명처럼 늘 하던 말.
언제나 한 걸음 물러서서 상대를 이해해 주려 했다. 가족에게는 누구보다 욕심이 많았다. 최선을 다해 더 좋은 것, 더 나은 삶을 주고 싶어서 성공을 향해 앞서 달리는 사람이었다.

　반면 나는, 타인에게 자로 잰 듯했다.
"내가 이렇게 했으면, 상대도 이 정도는 배려해 줘야 하는 거 아니야?" 관계의 저울이 기울면 억울함이 몰려왔고, 마음이 소란스러웠다.
그러나 가족에게 원하는 바람은 적었다. 없는 대로, 그대로의 하루를 감사히 여기며, 소박하고 잔잔한 삶을 꿈꾸는 사람이었다.

그렇게 결이 다른 둘이 만났고, 받아들이며, 천천히 닮아갔다. 서툴렀던 마음은 신뢰가 깊어졌고, 다름은 배움이 되었으며, 결국 단단한 사랑이 되었다. 파도가 몰려오듯 오해가 덮칠 때도 있었지만, 모든 걸 지켜낸 건 '변함없이 아끼는 마음' 하나였다.

  이제는 서로의 색이 스며드는 경계 어딘가에 여백 한 칸을 들였다. 여백에서 숨을 고르고 마음이 쉬어간다. 닮아 있는 다름을 품은 채, 딱 알맞은 여유를 두고 평온하게 머문다.
서로 조율을 끝낸 남편과 나는 환상의 '원 플러스 원'이 되었다. 어려움을 해결할 때는 영화 속 합체라도 한 것처럼, 능력치가 무한대로 커져 슈퍼 히어로가 된다. 우스갯소리로
"잘하면 지구도 구할 수 있을 것 같다." 라고 할 정도로 손발이 척척 맞다.

  누군가는 묻는다.
"붙어 다니면 안 싸우세요? 지겹지 않아요?"
"아니요, 제일 편한 사람이에요. 가장 오래된 친구죠."
다투기도 했고, 미워할 때도 있었다. 가깝다는 이유로 더 쉽게 상처 주고, 사소한 일에도 마음이 뒤틀리곤 했다. 이제 남편은 내가 길을 잃거나 마음이 흐트러질 때, 무의식이 제일 먼저 찾는 등대 같은 존재가 되어 곁에 머문다.

같은 책을 읽고, 마음과 생각을 나누며 더 깊이 연결되어 간다. 책장을 나란히 넘기고 눈길이 머무는 곳도 어느새 겹친다. 그렇게 마주 보며 웃고 손을 잡고 걸으며, 지칠 땐 등을 맡길 수 있는 든든한 아군이 되었다.

이 삶이 참. 고맙다.
두근거림 하나로도 하루가 반짝이던 날들을 지나, 주름마저 고요한 중년이 된 지금, 언제나 남편을 사랑하고 존경한다. 우주 최강 인품에 성실함과 사람을 향한 바른 마음까지 맑고 깊은 사람이란 걸 누구보다 잘 알기에. 그의 곁에 머무는 지금이, 내 인생의 로또다.

그런 귀함은, 작고 은은한 연애편지가 되어 도시락 속에 담긴다. 오늘도 어김없이, 흥얼거리며 따뜻한 밥을 짓고, 마음 반찬을 정성스레 담는다.
출근 가방 안엔 늘 나의 하루가 살포시 들고, 소리 없는 사랑이 그의 일상 속으로 스며들어 따라간다.
따뜻한 손을 잡고, 오늘을 함께 걷는다.
함께 나이 들어가는 이 순간이 참 근사하다.

함께 나이드는 우리 '웃픈 이야기'
드레스 코드 '블랙'
외식하러 나서는 길.
우연찮게 남편과 나의 외출복은 시크하게 '올블랙 커플룩'으로,
가 아니라 그냥 '꺼먼 옷 깔맞춤'이 되었다.
오붓하게 가끔 하는 외식에, 기분처럼 밝고 샤랄라하게 입으면
좋으련만...
다 깊은 뜻이 있다.

왜?
흘리니까...
어째서 자꾸만 흘리지?

언제부턴가 입으로 들어가야 할 음식은 들어오는 길에 가끔 경
로 이탈을 하고,
입안에 있어야 할 것들은 뭐가 답답한지 종종 탈출을 감행했다.

이 현상들이 처음엔 이상하고 이해가 안 됐지만,
과도기를 지나 이제는 자연의 법칙처럼 자연스럽게 받아들여진다.
그래서 검정 옷은, 나름 '준비된 자세'였던 것이다.

밝은 옷에 알록달록 무늬가 생겨

식사 중에 퐁퐁을 얻어가며 화장실에서 빨래하며 한숨 쉬고 싶
지 않으니까.

앞치마도 소용없다.
야속하게도 딱 그 사이로 빠져나가,
얄밉게도 허벅지에서 데구루루 굴러,
힘없이 다리 사이로 다이빙한다.
얼기설기 엮인 천으로 된 신발에 착지만 안 해도, 그나마 다행이다.
식당 가는 길, 우리는 이 장면을 상상하며 깔깔깔 배를 잡고 웃었다.

글로 옮기다,
앞으로 얼마나 더 많은 준비가 필요하게 될까 떠올려보니,
문득 안타까운 마음이 스쳤다.

지금도 하고 있는 것은.
제2의 눈, 돋보기 챙기기,
화장실이 보이면 미리 다녀오기,
길이 미끄러운 날엔 존재감 확실한, 울퉁불퉁 밑창을 가진 신발
고르기.
더 나이가 들면
배부를 만큼의 많은 약이 든 봉지와 제2의 발, 지팡이도 챙겨야
할 것이다.

누군가 묘사한 것처럼, 닦지 않아도 썩지 않는 틀니도 챙기려나.

미련스럽게도, 딱 그 시기를 지나야 실감 나는 서글픈 준비물.
서글픔도, 준비처럼 익숙해지는 날이 올까.

그렇게 함께 나이 들어가는 남편의 모습이, 나의 모습이 문득 안쓰럽고 애틋하게 느껴진다.

'웃긴 이야기'라고 제목을 달고 글을 시작했는데, 슬며시 제목을 고쳐본다.
'웃픈 이야기'로.

함께 나이 들어가는 우리 부부.
그 모습에 스며든 서글픔을, 가만히 사랑으로 감싸본다.

"인생은 가까이서 보면 비극이지만, 멀리서 보면 희극이다."
-찰리 채플린

함께 나이 들어가는 길 위에서,
서로 어떤 모습으로 사랑하셨나요?
오랜 시간을 함께 걸으며, 어느덧 나란히 늙어가는 삶.
그 안에서 더 깊어지는 정, 당신의 이야기도 들려주세요.

자 식

작은 아이의 마음,
그 너머 흐르는 사랑

"세상에서 가장 오래가는 사랑은 부모의 사랑이다. 조건도 기한도 없다."

  당연히 주어진 줄만 알았습니다.
그러나 부모의 사랑은, 자신을 기꺼이 지우며 목소리 없는 손길로 자식들의 삶을 조용히 밀어 올리고 있었습니다.
그 깊은 사랑이 얼마나 큰 힘이었는지 고마움을 담아, 뒤늦은 한 편의 고백을 적어봅니다.

따꿍 또이~
움메야 오어~
알아듣지도 못하는 아이만의 언어를 내뱉는 손주를
작은 자전거에 태우고
할아버지는 손잡이를 밀며 힘차게 대문을 나선다.
세상에서 가장 환한 미소로
하늘의 별이라도 따다 줄 듯한 비장한 각오를 하고,
예순이 훌쩍 넘은 아버지는
세 살 손주와 나들이를 나간다.

그 아이를 잘 먹이겠다고
집에 남은 할머니도 부엌에서 분주하다.
탁자 위에는 갓 씻은 채소와 갖가지 재료가 한가득 놓여 있다.
가스레인지 위에는 고춧가루를 넣은 냄비와 넣지 않은 냄비가
나란히 자리해 김을 내뿜는다.
사랑스럽지만 입맛이 까탈스러운 손주가 잘 먹을 수 있는 음식을 만들어야 하고, 딸인 나까지 챙겨야 하니
머리도, 손도, 마음도 바쁘다.

모든 것을 내어주는 할아버지 할머니의 세월을 아이가 자라서
기억해 줄까.
살갑게 표현하는 손자가 되어 줄 수 있을까.

고마움과 안쓰러움이 뒤섞인 잔상, 따뜻했지만 아프게 남았다.
돌아보면 어리석었고,
그 후로도 한참 동안 모르고 있었다.
그토록 온 마음을 다해 부모님이
나를 사랑해 주고 있었다는 걸.

나는 오십이 다 되었고,
어린 아들은 어느덧 이십 대 청년으로 자라났으며,
늘 젊게만 느껴졌던 두 분은 여든의 시간을 살고 계신다.
많이 늦었지만 이제야 용기 내어 가슴에 품고 있던 마음을 꺼내 전해본다.

7월, 더운 여름에 힘겹게 품고 낳아주신 어머니,
넘치는 사랑으로 묵묵히 보살펴 주신 아버지.
두 분 사랑 안에서 바르게 잘 크고
힘든 삶의 순간에도, 마음의 중심을 놓치지 않고 살아갈 수 있었습니다.
멋지게 자란 청년 손주도
평안을 누리는 중년의 딸도 다 두 분의 큰 사랑 덕분이에요.

사랑합니다.
그리고... 정말 감사합니다.

부모의 사랑은 결코 당연한 것이 아니었습니다.
수많은 희생과 인내, 말 없는 헌신 위에 쌓인 사랑을 우리는 종종, 태어나 누리는 자격처럼 당연히 여겨버리곤 합니다.
어렸을 때의 나를 사랑해 주셨듯, 손주를 품에 안고 다시 한번 사랑을 건넸던 부모님. 모든 순간은 단순한 '돌봄'이 아니라, 작은 생명 안에 따뜻함을 심어주는 부모만의 깊은 사랑의 방식이었습니다. 수많은 굴곡을 지나 제 자리를 찾아가고, 단단한 청년으로 자랄 수 있었던 이유.
제가 담담한 마음으로 그 곁을 지킬 수 있었던 여정의 바탕에는, 자식을 품고 또 한 번 손주를 품어낸 부모님의 깊은 사랑이 있었다는 걸요.

여러분도 너무 늦기 전에, 우리가 잘 살아낸 그 길 위엔 늘 부모님의 그림자가 깃들어 있었다는 진실을, 고마움과 함께 마음 깊이 새기고, 조심스레 용기 내어 전해 보면 어떨까요.
자식에 대해서 끝없는 '행복 증폭기'를 달고 사는 부모는 자녀의 말 한마디, 눈빛 하나에도 세상을 다 가진 듯 기뻐하시니까요.

이제는, 우리가 먼저 마음을 건넬 차례입니다.

외할아버지의 일기

내 일생 처음으로 손자와 상면했을 때, 하얀 비니 모자를 쓴 아기가 소파에 앉아 있다가 푹 고꾸라지는 모습을 보고 내가 얼른 일으켜 세웠다.

찬찬히 들여다보니, 내 눈에는 그렇게 예쁠 수가 없었다. 다른 갓난아기들은 아직 차오르지 않은 살 때문에 쭈글쭈글 못 생기고 어색하게 보이던데, 우리 손주는 얼굴이 동그랗고 이목구비도 또렷하고 균형이 잘 잡혀 있어서 참으로 예뻐 보였다. 하늘나라에서 내려온 천사 같았다.

가슴이 벅차고 눈물이 핑 돌 만큼 기뻤고, 무사히 건강한 아이로 태어나게 해 주신 어떤 존재에게 깊은 감사의 마음을 전했다.

손자를 처음 만난 이후, 마음은 항상 아이에게 가 있었고, 우리 집에 다녀가면 너무 서운하고 보고 싶어서 다시 올 날만 손꼽아 기다리곤 했다.

이름을 직접 지어주고 싶어서 사주명리학과 작명학 책을 사서 공부도 했다. 하지만, 친할아버지가 유명한 작명가에게 의뢰해 짓는다고 하여 아쉽지만 양보했다.

내 일생에 최고로 행복했던 순간은 준환이를 처음 본 순간이었다. 자라나는 모습을 곁에서 함께 바라보던 시간들 또한 너무도 행복했다. 자식들을 키울 때는 전혀 알지 못했던, 무한한 행복과 즐거움을 손자를 통해 처음 느꼈다.

나에게 하늘만큼이나 큰 행복을 선물해 준 사람은 준환이다. 요즘도 손주를 보면 조건 없이 행복하고, 목소리만 들어도 하루가 즐겁다. 손주로 인해 그 날은 좋은 날이 된다.

내가 열심히 산에 오르고, 상봉에 설치된 운동 기구를 이용해 근력 운동을 하는 이유는 단지 건강을 위해서만이 아니다. 언젠가 손주가 결혼해서 아이를 낳고, 증손주를 돌보는 꿈. 준환이처럼 사랑스럽고 예쁜 아이를 내가 품에 안을 수 있다면, 그보다 더 황홀하고 행복한 인생의 말년이 어디 있을까.

상상만 해도 가슴이 떨리는 일이다.

이 글은 아버지께 전해드렸던 일기장에서 발췌한 내용입니다. "손주를 처음 만난 날, 어떠셨어요?"라는 질문에 대한 아버지의 답이었지요. 일기 속에는 손주를 향한 진한 사랑과 벅찬 감동이 고스란히 담겨 있었습니다.

글을 읽으며 다시금 생각하게 됩니다. 육아는 분명 부모의 책임이라는 점에 전적으로 동의합니다. 그러나, 오늘날처럼 양육이 쉽지 않은 사회 구조 속에서, 도움이 절실한 순간은 누구에게나 찾아옵니다. 그때 아이를 품어줄 수 있는 사람이 바로 조부모라면, 그것만큼 든든하고 귀한 일이 또 있을까요?
그렇기에 자녀 세대는 조부모의 돌봄을 결코 당연하게 여겨서는 안 됩니다. 도움을 받았다면 감사와 배려로 도리를 다해야 하며, 부모 세대 역시 그 역할을 억지로 떠안는 것이 아니라, 스스로 선택할 수 있는 열린 관계로 남아야 하지 않을까요?

   때로는 "아이 봐준 공은 없다."는 말이 현실을 대변하는 듯 들리기도 합니다. 그 이면에는 '도움'이 '요구'로 변질되어, 희생이 당연시되는 씁쓸한 그림자가 존재하기도 하지요. 그런 상황에서 돌봄은 사랑이 아니라 부담과 상처가 되기도 합니다.
할머니 할아버지의 사랑은 단순한 '돌봄'이 아니라 손주와의 애착을 형성하는 또 하나의 축이며, 그들의 정성과 애정은 아이의 전인적 성장에 크게 기여하는 값진 자양분이라는 사실을 기억했으면 합니다.

   저 역시 믿고 있습니다.
제 아이가 수많은 굴곡을 지나 제 자리를 찾아가고, 지금처럼 단단하고 따뜻한 청년으로 자라날 수 있었던 건, 외할아버지와 외할머니가 변함없이 보여준 조용하고도 깊은 사랑의 힘 덕분이라는 것을요.

처음 아이를 품에 안았던 순간을 떠올리며,
자식이 커가는 동안 여러분이 느꼈던 사랑에 대해
이야기해 주세요.

성 장

서툰 부모, 이제야 까치발로
너의 눈높이에 서 본다.

나는 좋은 부모가 되기 위해 열심히 노력했지만, 방향이 틀어진 줄도 모른 채 아이를 잃고 있었습니다. 아이를 들여다보지 못한 시간, 되돌릴 수 없기에 더 깊이 반성하고 품어봅니다.

아들아,
...
2015년 6월. 평생 너의 편이 되어줄 아빠가

그해 여름, 남편은 아이에게 장문의 편지를 썼다.
"평생 너의 편이 되어줄 아빠가"로 끝나던 그 편지를 떠올리면 여전히 가슴이 저릿하다.
사춘기의 거친 바람 속에서 서로의 마음을 헤아리지 못한 채 부

서툰 부모, 이제야 까치발로 너의 눈높이에 서 본다.

딪혔고, 그 사이에서 남편은 묵묵히 우리를 잇는 다리가 되어주려 애썼다. 혹시라도 진심을 담아 전한 편지가 마음을 두드릴 수 있을까...
작은 희망을 품고 아들에게 정성껏 보냈던 편지였다. 편지를 건넨 남편의 손에는 조심스러운 다정함이 묻어 있었고, 나는 그 안에 담긴 절절한 진심을 마음 한편에 오래도록 품었다. 하지만, 이후로도 우리 가족은 몇 년간 무섭고 괴로운 시간을 보냈다.

　사춘기의 낯선 시간 속에서 아이는 달라졌다. 시선을 피하고, 말수가 줄더니, 어느새 한 번도 하지 않던 거친 말들과 거짓말이 늘어났다. 그리고 어느 날, 학교를 그만두겠다고 선언하여 내 심장을 그대로 무너뜨렸다. 방황하는 모습을 바라보며 가슴이 타 들어 갔고, 매일이 눈물바다였다. 아파트 벤치에서 한없이 흐느꼈고, 지하 주차장 어두운 구석에서 홀로 울며 시간을 보냈다.
울고 또 울고...
지나고 나서야 보니, 그때 나는 아이보다 더 어린 어른이었다. 내 안의 절망 속에서 스스로 길을 잃고 있었고, 그 불행이 억울했다. 앞이 보이지 않는 어둠 속에서, 매일 두려움과 함께 숨을 삼켰다.

　지난날을 돌이켜 보다 문득 깨달았다.
방황이 아들의 잘못 때문이라고 믿었던 건 커다란 착각이었다. 매 순간 '왜 그럴까' 이해하기 보다는 '왜 그러냐'며 다그쳤다. 눈

앞의 시간이 아까웠고, 뒤쳐지는 것을 용납하지 못했다. 내 방식대로 키우려 했고, 그 과정에서 아이가 보냈던 수많은 신호를 놓쳤다. 계속해서 자기 언어로 나에게 말하고 있었는데, 듣지 않았다. 입을 다물고 고개를 돌릴 때, 침묵을 반항이라 여겼고, 엇나가려 할 때는 걱정만 앞섰을 뿐, 진짜 마음을 들여다보지 못했었다.

이제야, 내가 어떻게 했어야 했는지 아이에게 어떤 잘못이 있었는지를 물러서서 바라보니, 불현듯 몇 년간 서로를 할퀴고 힘들게 했던 시간 속, 점점 괴물로 변해갔던 건 바로 '나'였다는 진실을 알았다.

  나는 참 매너 없는 엄마였다.
무식한 엄마였다. 알파벳을 배워야 영어를 할 수 있고, 사칙연산을 알아야 수학을 할 수 있다는 사실은 잘 알면서도, '부모가 되기 위해 무엇을 배워야 하는가?'에 대해서는 고민조차 해 본 적이 없었다. 준비되지 않은 채 부모가 되었고, '시행착오'라는 이름으로 엄마가 우주였을 아이에게 상처를 입히며 잘못인지조차 몰랐다. 그저 품어주고 기댈 수 있는 엄마였다면 얼마나 좋았을까. 힘들고 지칠 때 아이가 머물 공간을 만들어주지 못한 후회가 남는다. 아들의 마음이 얼마나 외로웠을지, 이제야 비로소 헤아려본다.

좋은 부모가 되기 위해 열심히 하기만 하면 되는 게 아니었다. 잘못된 방향으로 열심히 달리면 더 멀어져, 돌아오기가 훨씬 힘들어진다. 상처는 잔뜩 나고, 시간이 흘러도 그 깊은 흉터는 쉽게 지워지지 않는다.
언제나 아이의 눈높이에 맞춰 바라보고, 그들이 말하려는 이야기에 진심으로 귀 기울여야 한다. 점점 자라나는 자식을 온전히 품어줄 수 있도록 부모도 함께 성장하고, 마음을 깊고 넓게 키워나가야 한다.

조금만 더 지혜로웠더라면, 그 긴 터널을 서로의 손을 꼭 잡고 더 수월하게 빠져나올 수 있었을 텐데... 되돌릴 수 없는 시간들이 아쉽고 안타깝다.

이제는 다 커버린 아들의 눈을 바라보려면 까치발을 들어야 하지만, 끝까지 내 아이를 자세히 살펴보리라.
내 안에서 언제나 가장 소중한 존재임을 느낄 수 있도록, 안전하고 편안한 휴식처 같은 부모가 되리라.

아들아

　기억나니? 중학교 2학년.
그때부터 시작된 사춘기는 우리를 참 오래도록 힘들게 했지. 늘 엄마 말을 잘 듣던 모범생이었던 너였기에, 변화가 낯설고 어려웠어. 그래서인지 유난히 더디고 힘들게 지나간 것 같구나.

　그땐 몰랐단다.
얼마나 답답하고 힘들었을지, 네 마음을 헤아릴 줄 몰랐어.
이제야 조금씩 알게 되었단다. 넌 잘못한 게 없었어.
엄마가 욕심내며,
"내가 이렇게 희생하고 있으니 너도 따라야 해."라는 말도 안 되는 논리로 설득하려 했고, 사랑이라는 이름으로 어리석은 강요를 서슴지 않았지.
널 위한다는 이유로 내가 옳다고 믿는 길만 고집했고, 엄마가 정한 원칙 안에서 자라주길 바랐어.
그러면서도 정작, 무엇을 두려워하고, 무엇을 꿈꾸는지 깊은 마음을 들여다보지 못했고, 기다려주지도 못했지.

　천천히 지켜봐 주기만 했어도 충분히 잘 해낼 수 있었을텐데, 내가 만들어 놓은 작은 틀 안에 억지로 끼워 넣으려 했어.

"아프다."라고 소리치는 너에게 "이겨내라."라며 등을 돌렸고, 오히려 "내가 더 아프다."며 크게 소리쳤지.

생각해 보면, 엄마도 사춘기를 참 힘들게 겪었단다.
하루 종일 멍하니 앉아 있기도 하고, 마음속 이야기를 꺼내지 못한 채 삼키며 갈등을 혼자 견디며 끙끙댔었지. 모든 걸 겪어봤으면서도, 정작 너의 마음 앞에서는 다 잊은 채 어찌 그리 서툴렀는지... 정말 많이, 많이 후회되는구나.

참 부족했다. 엄마가...
진심으로 미안해.
이제라도 용서해 줄 수 있겠니?

이 말조차 늦었다는 걸 알지만, 미안함과 후회로 가득했던 지난 시간, 단 한 가지는 분명했어. 너를 향해 품었던 사랑만큼은 언제나 진심이었다는 것.

이제는 까치발을 들어서라도 너를 바라볼게.
끝까지, 언제까지나 너의 편이 되어줄 엄마 아빠로 남을게.
고맙고, 사랑해.

그리고... 정말로 자랑스러워.

아이와의 갈등은 크든 작든 늘 어렵고,
마음이 많이 쓰이게 됩니다.
여러분도 자녀를 키우며 서로 상처 주고
힘들어했던 기억이 있으신가요?
그때의 마음을 꺼내어, 미안함이나 고마움을 담아
편지를 써보는 건 어떨까요?

시 련

그날의 숨결,
그리고 다시 시작된 삶

"삶은 때때로, 가장 귀중한 교훈을
가장 고통스러운 방식으로 준다."
-연금술사, 파울로 코엘료-

코로나, 우리가 견뎌낸 이름
어느 날, 모든 숨결이 멈춘 듯한 순간이 있었습니다. 세상이 차단되고, 남편이 중환자실에 격리되던 그때. 그가 다시 살아오기를 기도하며, 무너진 마음 위에 조용히 희망을 쌓아 올렸습니다.

2021년 11월

떠올리기만 해도 가슴이 먹먹해지는 기억을 용기 내어 꺼내 본다. 그날은 재수 중이던 아들이 두 번째 대학수학능력시험을 치르던 날이었다. 1년을 더 준비해 맞는 기회였기에, 코로나에 감염되면 어떡하나, 컨디션이 나빠 시험을 망치게 되진 않을까 하는 걱정이 끊이지 않았다. 우리는 아이가 잠시 지내고 있었던 외할머니 댁에서 무사히 출발했다는 걸 확인하고 나서야 119를 불렀고 아산병원으로 향했다.

혹여나 코로나 접촉자로 분류되어 시험에 문제가 생기진 않을까, 그로 인해 모든 노력이 수포로 돌아가진 않을까… 두려워서였다. 산소마스크 없이는 숨조차 쉬기 어려울 만큼 위중한 상태였음에도, 남편은 '아버지'라는 이름으로 시험일까지 죽을힘을 다해, 미련스럽도록 버텨냈다.

 코로나라는 낯선 질병에 대한 두려움과 엄격하고 긴 격리 조치로 인한 선택이었지만, 가슴 아픈 판단이었고, 평생 지워지지 않을 후회로 남았다.
앰뷸런스는 세상을 찢듯 울부짖으며 빠르게 달려갔지만, 내게는 그 속도가 한없이 더디게 느껴졌다. 너무도 답답하고 막막한 순간. 받아주는 병원이 있다는 사실만으로 감사해야 하는 것이 그 시절의 기막힌 현실이었다. 나는 숨이 차서 고통스러워하던 남편의 손을 꼭 잡고 있었다. 위로해 주며 괜찮을 거라고, 곧 나아질 거라고 말해주고 싶었으나, 무서웠다. 진짜 너무 무서워서 입 밖으로 목소리가 나오지 않았다.

응급실, 아무것도 할 수 없었던 원망스러운 분노

응급실에서 여러 가지 검사를 한 결과, 남편의 폐는 이미 하얗게 변해 있었고, 곧장 격리 병동으로 옮겨졌다. 본능적으로 남편과 떨어지면 안 된다고 느꼈다. 죽어도 좋으니 곁에서 보살피게 해달라고 필사적으로 애원하고 싶었지만, 나 역시 의료인 가족으로서 그러면 안 된다는 경계와 원칙을 누구보다 잘 알았기에 아무 말도 할 수가 없었다.

머물 수도 없고, 그렇다고 쉽게 나갈 수도 없게 만든 그 고약한 공간에서, 나는 온갖 검사를 마친 뒤에야 비로소 귀가를 허락받았다. 아득한 하루를 보내고, 해가 어둑해질 무렵에야 '2주 격리 대상'이라는 조치를 받고 병원을 빠져나올 수 있었다.
남편을 혼자 남겨두고 와야 한다는 현실은 숨 막히게 고통스러웠다. 혹여 상태가 더 나빠져, 나를 간절히 찾는 순간이 와도 곁에 있을 수 없다는 사실에, 억울하고 분노가 치밀었다. 하지만 아무 저항도 할 수 없었다.

거대한 콘크리트 건물을 등진 채, 뜨겁게 치밀어 오르는 무언가를 삼켜내며 눈물을 흘렸다. 앞이 흐려지고, 아프도록 주먹을 꽉 쥔 채 온몸을 떨며… 그렇게 돌아설 수밖에 없었다.
'혼자서는 너무 힘들 텐데, 더 나빠질 수도 있는데, 숨이 안 쉬어진다고 많이 무서워했는데…'

마지막까지 애써 미소 지어주던 모습이 떠올라 가슴이 더 미어졌다. 곁에 있는 것은커녕, 면회조차 금지된, 방역이라는 이름으로 지켜야 하는 차갑고 냉정한 통제가 참을 수 없이 원망스러웠다.

 숨 막히는 고통, 끝없는 불안, 스며드는 체념
 입원 후 남편의 상태는 더 악화되었다. 숨이 차서 말을 할 수 없을 정도에 이르렀고, 결국 인공호흡기를 달았다.
그 시절 병원은 이미 아비규환 상태였다. 급속히 퍼지는 강력한 변이 바이러스로 중증 환자가 넘쳐났고, 부족한 병상에서는 하루에도 수백 명이 생을 마감하면서 감당할 수 없는 혼란만이 가득했다.
갑자기 남편과 연락이 닿지 않자 불안은 절망으로 변했고, 애가 타서 가슴이 다 녹아버렸다. 지인들이 어렵게 남편의 상태를 알아봐 주었지만, 돌아오는 소식들은 퇴원이 어려울 것만 같았고, 차오르는 마음의 고통은 누구와도 나눌 수가 없었다.

 모든 존재에게 간절히 기도했다.
어디에라도 닿을까 하는 마음으로 제발, 제발 살려달라고. 하지만 현실은 점점 더 선명하게 다가왔고, 극한의 불안 속에서 더는 할 수 있는 일이 없다는 절망감이 밀려들자, 무력감이 나를 완전히 집어삼켰다.
우리는 차츰 '죽음'이라는 단어를 받아들이고 있었다. 각자 혼자서 감내해야 하는 시간 동안 남편은 그가 있는 공간에서, 나는 내가 있는 곳에서, 견디기 힘든 공포와 괴로움을 느끼고 있었다.
오롯이 '각자의 몫'이었다.

강제 퇴원, 무너진 남편

죽음을 준비해야 할 수도 있다는 소식을 들은 지 얼마 안 되어, 기적적으로 남편의 폐가 조금씩 회복되었다. 회복의 기쁨도 잠시, 밀려드는 환자들로 입원 가능일이 정해져 있었고 상태와 상관없이 강제 퇴원은 불가피했다. 남편은 병원 밖으로 나가면 죽고 말 것이라며 두려움에 떨었지만, 나는 그저 그를 볼 수 있다는 사실 하나만으로도 기뻤다.
다시 마주한 남편은 내가 알던, 세상에서 가장 단단하던 남자가 아니었다. 쫓겨나 다시 입원할 곳을 찾느라 이성을 잃었고, 나는 최악의 전염병 앞에 그럴 수 없음을 설득해야만 했다. 결국, 머무를 수 있는 곳은 집뿐이었다. 포기한 듯한 그를 보며 결심했다.
내가 기필코 정상으로 회복시키겠다고!

숨은 쉬었지만, 마음은 아직도 멎어 있는 채로 돌아온 남편은 온전한 사람이 아니었다. 코로나가 몸만 망친 게 아니라, 뇌의 일부를 갉아먹기라도 한 것처럼 정신이 흐릿했고, 겁이 날 정도로 영혼이 약해져 있었다.
말도, 행동도, 눈빛도 낯설었다.

이대로 조금씩 더 나빠져서 어느 날 죽고 말 거라고 체념하는 그를 나아질 거라고, 내가 지켜줄 거라고, 끊임없이 달래고 안심시켜야만 했다. 바위 같던 존재가 무너져 돌아온 모습은 고스란히 통증으로 밀려왔지만, 나를 돌볼 틈이 없었다.
모두 삼켜내야만 했다.

 호흡의 공포로 잠들지 못하는 남편을, 나는 어린아이 돌보듯 곁에서 지켜보았다. 먹이고 재우며, 무기력에 빠지지 않도록 걸음마 시키듯 함께 걷고, 대화를 나누며 그의 곁을 지켰다. 한 달 남짓 시간이 흐르자, 조금씩 회복을 했고 우리는 다시 마주 보며 가끔은 미소도 지을 수 있게 되었다.
남편은 말했다.
"격리실에서 삶의 허무, 억울함, 극한의 고통을 다 마주했어. 성실하게 살아왔는데 모든 것이 한순간에 무너지는 느낌이었지. 여기서 죽는 건가... 살아서 나간다면, 나를 위해 살겠다고 마음먹었어."
그토록 달려온 인생에 배신당한 듯한 마음, 스스로 불쌍하고 후회스러운 감정 속에서, 살아서 나갈 수만 있다면 자신을 위해 시간을 쓰며 살겠노라고, 마음을 먹었다고 했다.
과연 그렇게 되었을까?

후반전, 함께라서 충분하다.

그로부터 몇 년이 지났다.

남편은 건강을 완전히 되찾았다. 그때와 비슷한 모습으로, 여전히 병을 얻었던 그 병원에서 다시 일상을 이어가고 있다.

변한 건 있다.

이제껏 살면서, '내가 이만큼 했으니, 너도 이만큼 해야지' 라며 삶을 저울질하듯 따져오던 태도를 내려놓았다. 극한의 시련을 겪는 동안, 삶은 결코 셈으로 환산할 수 없다는 것을 알게 되었다. 가족과 친구, 그리고 함께 걱정해 주던 마음들이 가장 든든한 힘이었고, 인생의 무게는 함께할 때 견딜 수 있다는 단순한 진리를 깊이 받아들이게 되었다.

'나 자신을 위해 살겠다'고 다짐했던 결심과는 달리, 이제는 자연스럽게 주변을 돌아본다. 가족뿐만 아니라, 만나는 모든 인연들의 아픔과 어려움에 마음을 기울인다. 삶이 한없이 무너져 내려 본 뒤에야 깨달은 것이지만, 하루하루 다시 누군가에게 따뜻한 마음을 낼 수 있다는 사실이, 고맙기만 하다. 그 덕분에 우리의 삶은 전보다 훨씬 더 따뜻해졌고, 의미있어졌다.

나는 그가 어떻게 버텼는지를 안다

병원 일을 하다 보면, 몇 년에 한 번씩 새로운 바이러스로 공포의 시간들을 마주한다. 2003년 사스, 2009년 신종플루, 2015년 메르스, 그리고 2020년 코로나19. 전염병이 닥칠 때마다 의료 현장은 가장 먼저 위험에 노출되고, 마지막까지 피할 곳이 없다. 사스 때는 생소한 바이러스에 대한 두려움이 컸다. 메르스가 왔을 때는 병원 내 감염이 현실이 되어, 마스크 너머로 공기조차 공포였다. 하지만 무엇보다도 코로나19가 창궐하던 시절.
병원은 치료의 공간을 넘어서 목숨을 걸고 일하는 전장이 되었다. 온몸을 감싸는 몇 겹의 방호복을 입어야 했고, 기본적인 마스크, 알코올, 장갑조차 구하기 힘들어 새벽부터 제조 공장을 찾아다니며 마지막 남은 물품을 사정해 가며 구해와야 했다.

환자들의 눈빛에는 공포가 가득했고, 누군가 기침이라도 하면 서로를 의심의 눈초리로 바라보며 인간의 바닥을 마주해야 했다. 확진자가 발생하면, 지침에 따라 몇 시간이고 다녀갔던 환자의 동선을 추적하고, 접촉자를 구분해 격리 조치를 취해야 했다. 그 과정에서 병원은 수시로 폐쇄되었고, 모든 공간을 소독하는 일이 반복되었다. 소설이나 영화에서 보던 재앙이 실제로 우리에게 닥쳐 일어나고 있었다. 긴 시간, 침묵 뒤로 쌓인 말들, 눈빛 속에 담긴 날 선 감정 속에서 사람들의 이기심은 증폭되었고, 사나운 기운들은 고스란히 우리에게 돌아와 박혔다.

가까운 의사 선생님 중 끝내 회복하지 못하고 돌아가신 분, 후유증으로 병원을 접고 긴 시간 쉼에 들어간 분도 계셨다. 방호복을 입고 공포와 마주하며 또다시 진료를 하는 남편을 바라볼 때마다 그가 단순히 '직업'이 아닌 '사명'으로 이 일을 감당하고 있다는 걸 느꼈다. 나 역시 감염에 가장 쉽게 노출되는 자리에서, 어린 동료들과 함께 자리를 지켜야 했다. 많은 이들이 의사라고 하면 부러워하지만, 그 안에는 지속되는 두려움과 끊임없는 책임이 존재한다. 참혹하고 아득했던 시간 동안, 무너지는 마음과 불안을 어떻게 버텨냈을까.
그는 묵묵히, 끝까지 자신의 자리를 지켰다.

  누구 하나 울 시간조차 없었던 날들,
몸도 마음도 다 닳아가는데, 누군가를 지켜야 한다는 이유로 애쓴 이들이 분명히 있었다.
그리고, 내 남편이 그 중에 한 사람이었다는 걸 기억한다.

  이 글을 마치며,
코로나19라는 전장의 한가운데서 몸과 마음이 닳도록 애써온 의료진과, 그 시간을 함께 버텨준 어린 동료들에게 깊은 존경과 감사를 전합니다. 남편을 진심으로 염려하며 마음을 나눠 준 소중한 친구들의 위로도 평생 잊지 못할 것입니다.
끝내 우리 곁을 떠난 많은 이들의 명복을 빌며, 그분들의 삶과 이름이 잊히지 않기를 바랍니다.

아들아

  살면서 평안하고 좋은 일들만 가득하면 참 좋겠지만, 짧다면 짧고, 길다면 긴 인생의 여정 속에는 고난과 힘든 시간이 불쑥불쑥 찾아오더구나.
늘 예고도 없이, 아주 무서운 얼굴을 하고서.

  그럴 땐 누구나 두렵단다.
어떤 날은 감당이 안 되어 떨리고, 모든 걸 놓아버리고 싶을 만큼 힘겨울 때도 있지. 하지만, 지나고 보니, 그 시간도 다 살아지더라.

  왜 이 일이 내게 찾아왔을까 싶을 때는, 한 걸음 물러서 바라보길. 당장은 보이지 않아도 분명 '이유'가 숨어 있을 테니까.
삶에서 가장 깊은 배움은, 우리가 웃고 즐기며 편안할 때보다, 깊은 상처나 절망, 무너지는 순간들 속에서 비로소 마주하는 경우가 많더라.

  비켜 갈 수 없는 운명이라면, 출렁거림에 휩쓸리지 말고, 그 시련을 더 나은 삶을 위한 기회라 여겨보렴.
"이까짓 것쯤이야!" 하고 배짱 있게 맞서 봐. 고통을 에너지 삼아

내면의 힘을 단단히 키워가기를 바란다. 또 다른 시련이 오더라도, 깊어진 내면의 힘과 지혜로 잘 견뎌낼 수 있을 테니까.

　때로는 잠시 멈춰 서도 괜찮아.
끝까지 버티지 못했다고 해서 실패한 건 아니야. 때로는 돌아가거나 포기하는 것처럼 보이는 순간도, 사실은 나를 지키는 선택일 때가 있더라. 그러니 너무 자신을 몰아세우지 말고, 스스로를 믿어봐.
원했던 길과는 다른 방향으로 가게 되더라도 그 길 또한 삶이 너를 더 큰 사람으로 성장시키기 위해 이끌어 가는 과정이라 여기기를 바란다.

　살다 보면 알게 될 거야. 오늘의 너는, 지나온 시간들이 모여 만들어 낸 존재라는 걸.
그리고 네가 걸어가는 그 길에서, 결국 가장 큰 힘이 되어주는 건 '함께하는 마음'이라는 걸 잊지 마라. 곁에 있는 소중한 사람들과 더불어, 서로를 지탱하며 시련을 함께 견디는 넓고 깊은 사람이 되길 바란다.
우리도 언제나 곁에서, 마음으로 머물러 있을게.

　사랑하는 내 아들,
지금도 충분히 잘하고 있어.

누구에게나 찾아오는 깊은 시련, 당신을 견디게 해준 힘은 무엇이었고, 어떤 마음으로 지나오셨나요?
만약 지금 우리 자녀가 인생의 어두운 골목을 지나고 있다면, 부모인 우리는 어떤 '목소리'로 곁에 머물 수 있을까요?
지금 건네는 당신의 이야기가, 언젠가 자녀에게 등불이 되어줄지 모릅니다.

독 립

성인 자녀와 지켜야 할 여백,
한 칸

정서적 독립_부모라는 이름의 잘못된 내비게이션

운전을 하는데, 내비게이션이 자꾸만 길을 재탐색하며 "우회전 하세요.", "좌회전하세요."라고 쉴 새 없이 지시했다. 나는 길치에 유난히 방향 감각도 서툴다. 게다가 초행길이니 어디쯤인지 감조차 잡히지 않았다.

'이 길이 맞아.'하며 뚝심 있게 가고 싶었지만, 뭘 알아야 고집도 부릴 수 있는 법. 금세 포기하고 시키는 대로 움직이기 시작했다. 그러다 급기야, 도로 맨 오른쪽 끝 차선에 있던 나에게 몇 개의 차선을 가로질러, 당장 다음 신호에서 유턴하라는 게 아닌가. 할 수 없는 상황에, 포기하고 한숨을 내쉬며 결국 골목에 차를 세웠다.

'이대로는 안 되겠다.'
무작정 따르는 것과 스스로 판단하는 것 중간쯤, 그 어딘가에서 멈췄다. 손가락으로 지도를 확대하고 줄이기를 반복하며 살펴보니, 그냥 직진해도 되는 길이었다. 순간 괜히 약이 올랐다.
내 잘못이었다.
내비게이션은 맹목적으로 따르는 대상이 아니라, 경로를 이해하고 판단해 선택할 수 있는 도구이다. 기계는 단지 곁에서 방향을 알려주는 보조 장치일 뿐, 길을 가는 주체는 어디까지나 '나'였어야 했다.

  문득 자녀의 삶을 대신 운전하려는 나 자신이 보였다. 우리는 '부모'라는 이름으로 자녀의 인생에 수시로 개입하며, 내비게이션처럼 방향을 지시하곤 한다.
"이 길로 가야 해."
"그렇게 하지 마." 그렇게 끊임없이 지시하고 통제한다. 그것이 오히려 자녀를 혼란스럽게 하고 스스로 길을 찾는 힘을 약하게 만든다는 사실을 잊은 채…
부모가 늘 먼저 길을 제시하고 간섭하면, 자녀는 스스로 판단하고 선택하는 힘이 자라지 못한다. 내비게이션에 지나치게 의존하면, 길을 찾는 능력이나 방향 감각이 점점 퇴화되고 무뎌지는 것처럼 말이다.
성인 자녀는 이미 어른이다.
인생의 길은 수많은 변수와 갈림길로 가득하고, 선택하는 건 어디까지나 자녀 '자신의 몫'이다. 부모가 있어야 할 자리는 지시자가 아니라, 판단할 수 있도록 돕는 안내자. 결정자가 아니라 필요할 때 곁에 있어 주는 조력자일 것이다. 자녀가 덜 힘들기를 바라는 마음에 조언이라는 미명 아래 자칫 아이의 권리와 성찰할 기회를 빼앗지는 말아야 한다.

곰곰이 생각해 보면, 부모가 된 것은 그저 살다 보니 얻은 이름일 뿐, 삶의 정답을 안다는 뜻은 아니지 않은가. 세상은 달라졌고, 우리가 믿던 길이 틀린 길로 바뀌었을 수도, 더 나은 선택이 생겼을 수도 있다. 자녀가 지나고 있는 길을, 우리도 실패와 시행착오를 겪으며 성장했기에, 아이들도 직접 겪으며 배울 수 있도록 기회를 주고 지켜보는 용기가 필요하지 않을까.

불가근(不可近), 불가원(不可遠)
너무 가깝지도, 너무 멀지도 않은 거리.
'적당한 거리'를 알고 유지하는 일은 생각보다 훨씬 어렵다. 부모와 자녀 사이에는 꼭 필요한 '심리적 여백'이 있어야 한다. 자녀가 "알아서 할게요."라고 말할 때, 우리는 종종 그 말을 '거절'로 받아들이고, 불편한 감정의 탑을 켜켜이 쌓아간다. 그 말은 독립의 신호이며, "나를 믿어달라."는 간절함이 숨어 있는 말일지도 모른다. 그 순간이 오면, 삶이라는 무대에서 아이가 주인공이 되도록 부모는 조용히 물러나, 자기 힘으로 일어선 자녀를 인정하는 법을 배워야 한다.
부모의 분리불안은 결국 자식의 독립과 성장을 방해할 뿐이다.

사랑은 붙드는 것이 아니라, 떠날 수 있도록 믿고 놓아주는 때를 아는 것. 묵묵히 견딜 수 있는 마음이 진짜 어른의 사랑 아닐까.

───●───

경제적 독립_너의 길을, 너의 속도로 가면 돼

페이스메이커

육상이나 수영의 긴 레이스에서 속도를 조절해 주며 다른 선수가 자기 리듬을 찾을 수 있도록 도와주는 사람을 말한다. 그들은 결승선을 함께 통과하지도, 승부를 결정하지도 않는다. 다만, 일정 지점까지 묵묵히 곁을 지키며 함께 달리다가 때가 되면, 자연스럽게 물러선다. 자신의 이름은 남지 않더라도, 누군가가 온전히 걸음을 내딛는 데 결정적인 힘이 되어주는 사람으로.

나는 아들에게 페이스메이커 같은 존재로 남고 싶다. 필요할 때 속도를 조절해 주고, 때로는 옆을 지켜주며, 마침내 자녀가 인생을 완주할 수 있도록 응원하는 사람. 넘어질 때마다 미리 손을 받쳐주어 대신 다치거나 곧바로 일으켜 주기보다는, 도움이 필요할 때 손길이 닿을 수 있는 거리에서 있어 주는 것.
그것이 내가 바라는 부모의 역할이다.

그 여백과 기다림이야말로 자녀가 믿고 의지할 수 있는 진짜 울타리가 아닐까. 눈에 보이지 않는 선을 지키며, 잘못된 방향으로 너무 멀리 가는 것처럼 보일 때엔 조심스럽게 한마디 건넬 수 있는, 따뜻한 권유자.
"애야, 그 길이 맞는지 잠시 멈춰 생각해 보는 건 어떻겠니?"
그렇게 아이의 삶 뒷자리에서, 온기를 느낄 수 있게 머물러 주는 부모가 되고 싶다.

지원이 아닌 '지지', 간섭이 아닌 '기다림'

부모의 머무는 태도가 진짜 힘을 가지려면, 원칙이 필요하다. 자녀가 스스로 서기 위해선, 마음의 독립과 더불어 경제적 독립도 반드시 익혀야 한다. 둘 중 하나라도 놓치면, 온전한 독립이라 말하기 어렵다. 자녀의 독립을 위해, 무조건 '지원'해 주려 하기보다, 기꺼이 주고 싶은 마음을 절제하며 묵묵히 '지지'해 주는 부모가 되어야 한다.
"좋은 부모는 모든 걸 주는 사람이 아니라, 주고 싶은 마음을 인내로 견뎌내는 사람"이라는 말이 있다.
예전엔 그 뜻을 온전히 이해하지 못했다. 그러나, 자녀가 점점 어른이 되어가는 모습을 바라보는 지금, 그 말의 무게가 가슴 깊이 다가온다.

가끔 아들이 금전적인 도움이 필요해서 곤란한 듯, 미안한 듯, 어렵게 말을 꺼낼 때가 있다. 그럴 땐 어쩐지 유난히 공손해지고,

목소리는 가슴에 닿을 듯 애잔함이 묻어난다. 그래서 말이 채 끝나기도 전에 마음이 먼저 반응해, 이렇게 되묻고 만다.
"그래, 그럼 엄마가 도와줄까?" 머리로는 안다. 이제는 아이 스스로 지도를 그리고, 방향을 정하며, 자신의 능력과 책임 안에서 선택하는 법을 배워야 한다는 걸. 아는데도, 잠깐의 힘듦, 망설이는 눈빛 하나를 넘기지 못하고 먼저 움직인다.
'아직은 어리니까.', '지치지 않게 도와줘야 하니까.' 스스로를 자꾸 설득하면서, 자립보다는 당장의 마음 편함을 택하곤 한다.

먼저 나서지 않고, 자기 방식대로 풀어가도록 기다리는 것. 말처럼 쉽진 않지만, 부모인 나에게 꼭 필요한 훈련이다. 늘 다짐하면서도, 기다림은 언제나 가장 어려운 숙제다. 우리는 자녀의 실패를 너무 앞서 걱정하고, 그 걱정을 사랑이라 착각한 채 경제적 개입과 감정적 간섭을 반복한다. 진짜 도움은 무언가를 대신 '해주는 것'이 아니라 '혼자 할 수 있도록 믿고 지켜보는 일'이다.

자녀가 금전적 지원이 필요하다고 말한다면 이렇게 물을 수 있어야 한다.
"어디에, 어떻게 쓸 계획이니?"
"언제쯤, 어떤 방식으로 갚을 수 있을까?"
"혹시 계획대로 되지 않으면 어떻게 할 생각이니?"
성인 자녀가 부모에게 받는 경제적 지원은, 당연한 권리가 아니라 책임을 전제로 한 요청이어야 함을 가르쳐야 한다. 정답을 주기보다는, 스스로 답을 찾도록 이끌어야 한다. 그 질문의 과정 속에서 자신의 선택에 따르는 무게를 느끼고, 경제적 책임을 자각하게 된다.

실패도 자산이다.
단, 그 실패 앞에 서는 주체는 자녀 본인이어야 한다. 부족하고 어설픈 시절이 있어야, 돈의 무게와 삶의 가치를 온몸으로 배울 수 있다. 사랑은 무조건 주는 것이라 믿었지만, 덜 주는 용기가 더 큰 배려였고, 진짜 사랑이었다.

무조건 사랑을 준다면, 과연 행복해질까
이 이야기를 하면서 생각나는 책이 있다.
쉘 실버스타인의 『아낌없이 주는 나무』
소년은 자라면서 끊임없이 나무에게 무언가를 요구했고, 나무는 열매를 주고, 가지를 주고, 마침내 몸통까지 내어주었다. 어른이 되고 노인이 될 때까지, 나무에게서 필요한 것을 아낌없이 받아갔다. 그리고 아주 오랜 시간이 흐른 뒤, 지친 몸을 이끌고 돌아와 그루터기 위에 말없이 앉는다.
마지막 장면에서, 소년이 어떤 표정이었는지 무엇을 느꼈는지는 끝내 설명되지 않았다. 기쁨도, 미안함도, 후회도 말하지 않는다. 여운이 남았다.

과연 소년은 행복했을까?
무한한 사랑을 받았지만, 사랑을 돌려줄 기회조차 없었던 관계에서 그 역시 무엇인가를 잃은 건 아니었을까. 부모의 희생은 때로는 아름답게 보이지만, 자녀가 책임감을 배우고, 삶의 균형을 익히며 힘을 길러갈 기회를 앗아 가기도 한다. 이제서야, 자녀가 스스로 해낼 수 있도록 한 발 물러나 지켜보는 '기다림'이 진정한 사랑의 시작임을 깨우쳤다. 아이는 그 속에서 삶을 배워가고, 기대만큼 빠르지는 않더라도 결국 더 단단하게, 더 깊이 인생이 피어날 것이다.

진짜 사랑은, 모두가 행복해지는 모습이어야 한다.
부모도 자신을 잃지 않고, 자기 삶을 지켜야 한다. 자녀를 위해 모든 걸 내어주는 희생만으로는, 결국 어느 쪽도 온전히 행복하기 어렵다. 자녀가 웃는 모습을 보면 부모가 안심되듯, 부모가 평온한 삶을 살 때, 자녀 역시 자신의 길을 흔들림 없이 걸어갈 수 있을 테니까.

부모와 성인자녀는 '어른 대 어른'으로 마주 보기 위한 노력을
해야 합니다. 혹시 아직도 무언가를 대신 결정해 주거나,
선을 넘고 있진 않으신가요?
여러분은 성인 자녀에게 얼마나 여백을 내어주고 계신가요?
후회나 다짐이 있으면 적어 보세요.

부 모

당신을 닮아가는 슬픈 기쁨

엄마 아빠는 '점쟁이'다.
눈이 어두워져도 자식의 근심이 보이고,
귀가 어두워져도 자식의 한숨은 들리나 보다.
멀리 떨어져 있어도 자식을 훤히 꿰뚫는다.

엄마 아빠는 '손주 바라기'다.
다 커버렸는데도, 온통 손주 생각뿐이다.
그저 언제 한 번 얼굴 볼 수 있을까, 목소리라도 들을 수 있을까.
오매불망, 이런 눈물겨운 짝사랑이 또 있을까.

엄마 아빠는 '나의 열렬한 팬클럽'이다.
할 수 있다. 잘했다. 어이구 잘한다~!
나도 이제 곧 오십인데.
팬심이 우주라, 도무지 변치가 않는다.

엄마는 사위의 '김치 자판기'다.
유난히 생김치를 좋아하는 사위를 먹이겠다는 일념 하나로,
오늘도 배추에, 열무에, 파에,
손끝에서 나오는 소스를 더해 정성껏 버무린다.
사위 덕분에 김치 장인이 되셨다.
레시피의 비밀 재료는 사랑이었다.

엄마는 '정의의 사도'다.
바르고 직설적이다.
정직하고 비밀도 잘 지킨다.
세상의 부당함을 못 참고, 정의 앞에선 늘 한 발 앞선다.
혈압 오르니 그러지 말라 해도 참지 않는다.
누구든 부정한 사람은 우리 엄마 눈에 안 띄는 게 좋을 게다.
딸은 이런 엄마를 말려보지만, 한편 그 힘찬 기운에 웃음이 새어 나온다.

아버지는 '딸바보'다.
군인이어서 무서운 사람 같았지만,
나는 언제나 '우리 공주'였고, 한없이 여린 존재였다.
초등학생 때까지 무릎 위에 앉히고 비행기 놀이를 하며 밥을 먹여주셨던 추억.
불쌍한 내 친구는 어른이 되어서야 "그걸 보고 적잖이 충격을 먹

었다."고 고백했다.

아버지는, 아마 서러웠을 것이다.
평생 가족을 위해 묵묵히 짐을 짊어지고 쉬지 않고 일했지만,
정작 우리가 재잘거리는 사소한 이야기를 들을 시간이 없었기에.
작은 기쁨을 함께 나눌 순간들은 바쁘게 스쳐 지나갔고, 그 속에
온전히 끼어들 틈조차 없었다.
아버지 눈에는, 내가 어느새 훌쩍 커버렸을 것이다.
이제는 시간이 많아졌지만, 길게 비워졌던 공백 탓에 시시콜콜한
일상을 꺼내놓는 것마저 서툴다.
아마, 세상의 많은 아버지들이 조용히 겪고 있는 외로움일 것이다.

이제는 안다.
아버지의 지난 삶이 얼마나 존경스러웠는지,
우리를 얼마나 깊이 아끼셨는지를.

그렇게 엄마 아빠를 닮아, 지금 내가 되었다.
나이가 들수록 부모님을 더 닮아간다.
모습도 목소리도 머리에 새치마저도
마음결도, 세상을 보는 시선도 닮아간다.
네가 내 딸이어서 고맙다고 하시지만
엄마 아빠의 딸로 태어난 내가 정말 행운이다.

보살펴 드리려고 곁에 오시라 했는데,
정작 보살핌을 받는 건 나다.
여전히 나는, 부모님의 품 안에 있다.

당신들의 늙어가는 모습이 안쓰럽다.
가는 시간이 아리다.
그러다 문득 깨닫는다.
나의 오늘에, 당신의 어제가 스며 있다는 것을.
슬프도록 기쁜 이 닮음은, 세상에서 가장 든든한 예언이다.

"어제의 당신 모습을 한 나, 잘 살겠지요?"

부모님에 대해 이야기해 주세요.

노년

내 나이 여든에는,
향기 나는 어른이고 싶다

생활의 향기, 작은 정성과 습관이 쌓여 나를 말없이 드러내는 기운

병원에서 귀가 잘 들리지 않는 분들을 위한 청력 검사를 진행한다. 청력 검사실은 방음 처리를 위해 창문이 없고, 크기도 매우 작다. 그래서 하루에도 여러 차례 검사를 하다 보면, 환자의 체취가 고스란히 코로 전해진다.

유독 냄새가 강한 분의 경우, 숨을 들이쉬는 것조차 조심스러워지는 순간이 있다. 그럴수록 깊은 이해와 인내가 필요하다. 티를 내면 어르신이 마음 쓰실까 봐 최대한 조심하려 애쓰지만, 한편으로는 검사가 빨리 끝나길 바라기도 한다.

반면, 가까이 가기만 해도 기분 좋은 내음이 전해지는 어르신들도 계신다. 머리부터 옷차림, 신발까지 깔끔하게 정돈된 분들. 그런 분을 대할 때는 향기와 함께 전해지는 단정한 모습에 나까지 기분이 좋아진다. 그래서 나는 나이 들었을 때 꼭 '은은한 향이 나는 할머니'가 되어야겠다고 다짐했다.

   가만히 떠올려 보면 우리는 누구의 집을 방문할 때마다 그 공간만의 '향기'를 느꼈던 기억이 있다.
시골 할머니 댁의 문틈 사이로 새어 나오던 오래된 가구 냄새와 메주 내음, 부모님 집에서 느껴지는 포근한 공기의 결, 친구 집 현관문을 열자마자 문득 코끝에 맴도는 기운. 그렇게 각자의 집은 머무는 사람의 시간이 켜켜이 쌓인 냄새를 품고 있다. 향수처럼 인위적이지 않고, 햇살이 머무는 자리에서 나는 듯 그윽하고 따뜻한 냄새. 공간 사이로 흐르는 온순한 기분 같은 향기. 그런 향이 공간에 배어 있다면, 마음에도 오래 남는다.

   좋은 향기를 풍긴다는 건 단지 외적인 정돈만을 말하지 않는다. 오히려 삶을 대하는 태도, 자신을 다루는 방식에서 자연스럽게 스며 나온다.
그와 관련해 인상 깊었던 장면이 있었다.
방송인 홍진경 씨가
"어떻게 하면 우습지 않은 사람으로 보일 수 있나요?"라는 질문에 답하는 장면을 본 적이 있다.
그녀의 담담한 대답은 묵직한 울림을 주었다.

   저를 우습게 생각하는 분들도 많을 거예요. 그런데 그런 시선에 큰 의미를 두지 않아요. 제가 자존감을 지키는 방법은, 남에게 보이는 옷이나 자동차보다 매일 내가 베고 자는 베개, 입을 대고 마시는 컵, 정돈된 집처럼 생활하는 공간의 작고 사소한 것들에 정성을 들이는 거예요.

나를 정성껏 대하는 하루, 사소한 것에서부터 시작하여 일상을 채워 나감이 결국 자존감으로 쌓인다는 그녀의 말이 오래 기억에 남았다.

요즘 우리는 매일 스마트폰을 켜고 타인의 반짝이는 일상과 마주한다. 화려한 여행, 멋진 차, 완벽한 라이프스타일, 심지어 접시에 담긴 음식까지 예쁜 각도로 찍어서 보여주는 세상. 그 속에서 점점 '보이는 나'에 더 큰 의미를 두고 '진짜 나'를 소홀히 하게 된다. 향기를 머금은 삶은 거창하지 않다. 그녀의 말처럼, 스스로를 소중히 여기고 다정하게 대하는 손길에서부터 시작된다.
깨끗하게 정돈된 이불,
살결에 닿는 부드러운 잠옷,
말끔하게 정돈된 자리,
그리고 '여기, 내가 잘 머물고 있다.'는 안도감.
나를 위한 시간, 나를 위한 공간, 나를 위한 태도.
정성이 하루하루 쌓이면, 여든 즈음에는, 내가 머무는 공간도 은은한 기운을 머금고 있지 않을까.

그렇게 향기를 품고 곁에 머물고 싶은 할머니가 되고 싶다.

삶의 향기, 나이에 갇히지 않고, 다가서는 용기와 내면의 울림
　여든 다섯.
연세에 비해 눈에 띄게 젊어 보이는 어르신과 상담하게 되었다. 밝고 생기 있는 인상 뒤에는, 오래도록 품어온 삶의 이야기가 담겨 있었다. 어머니는 어릴 적 배우지 못한 것이 늘 한으로 남아 있었다고 하셨다. 그러다 60대에 대장암으로 죽을 고비를 넘기고, 삶을 대하는 태도가 달라졌다고 했다. 그때부터 '못 하는 일'이라며 포기했던 것들을 하나씩 시작했다고. 복지관에서 피아노를 배워 바이엘을 끝냈고, 컴퓨터도 1년을 배우니 기본적인 작업은 이제 혼자서도 거뜬하다며, 덕분에 스마트폰 사용도 두렵지 않고, 각종 앱 조작도 쉽게 느껴진다고 하셨다.
"다 되더라고요." 얼굴에는 여유로운 웃음이 번졌다.
배우고 싶은 것도 여전히 많고, 봉사활동도 계속하고 싶다며, 요즘은 잘 들리지 않는 소리 때문에 불편하다고 털어놓았다.

　많은 어르신들이 보청기를 낯선 기계로 여기며 '이 나이에 꼭 필요한가?', '잘 쓸 수 있을까?' 망설이곤 하지만, 이분은 오히려 호기심과 열린 마음으로 상담에 임하셨다. 적극적인 태도가 결국 몸에 밴 삶의 향기로 이어지고, 젊고 빛나게 만드는 비결처럼 느껴졌다. 그런 삶의 자세 덕분일까. 우리가 흔히 떠올리는 85세의 연로한 모습은 좀처럼 찾기 어려웠다. 생기 어린 얼굴에, 반듯한 자세와 또렷한 말투까지. 배어 나오는 향기는, 마음속에 피어 있는 태도의 결로 전해지고 있었다.

   나는 평소 나이에 무심했다.
때론 내 나이도, 부모님 나이도 헷갈릴 때가 있을 정도로.
그래서일까, 자주 나이에 대한 착각을 한다. 어릴 땐 빨리 어른이 되고 싶었다. 내 나이가 많은 줄 알고 지내다 보니 또래보다 어른스러워서 '애어른'이라는 말을 자주 들었고, 그 말이 마치 칭찬처럼 느껴졌던 시절도 있었다.
스무 살, 서른 즈음에는 몸과 마음이 나이만큼 자랐다. 그 무렵에는 나름 인생과 보폭을 맞춰가며 살았다.
마흔을 넘기고부터는 거울에 비친 얼굴은 세월을 품고 있었지만, 신체를 마음이 따라가지 못할 때가 잦아졌다. 여전히 마음 한쪽 어딘가는 젊은 시절에 머물러 있는 듯한 기분이 들 때가 있었다. 그러면서도, 무언가를 새로 시작하거나 부담스러운 일 앞에서는 나이가 많은 척 '내 나이에 굳이?' 하는 마음이 고개를 들곤 했다.

   김형석 교수님은 『백 년을 살아보니』에서, 인생의 황금기는 60세~75세라 하셨다. 노력만 하면 정신적 성장과 인간적 성숙에는 한계가 없다고 하시며, 우리 사회에는 너무 이른 나이에 성장을 포기하는 '젊은 늙은이'가 많다고 지적한다. 40대라도 공부하지 않고 일을 하지 않으면 노쇠해질 수 있고, 50세부터는 제2의 마라톤을 달린다는 각오로 재출발하라고 조언한다.

　세상은 빠르게 변하고, 기대 수명은 늘어나며, 의식과 신체는 이전보다 훨씬 젊어졌다. 그럼에도 종종 과거 세대의 기준에 머물며, 스스로를 가두곤 한다. 오래된 생각의 틀에서 잘못된 기준을 가지고, 어느새 '내 삶은 내리막'이라는 그늘진 믿음에 빠지곤 한다. 이제는 나이에 대한 기준을 다시 세워야 할 때다.
나는, 예전보다 더 단단하고, 더 부드럽고, 더 열려 있다. 상상으로 한계를 정하지 않고, 어떤 일이라도 시작하기에 늦지 않다는 것을 상기하며 생기 있게 살아가자고 다짐한다.

　나이 듦이 점 하나로 끝나는 문장이 아니라, 향기로 번져가는 문장의 쉼표가 되기를. 내 나이 여든에는, 삶을 주도하며 살아온 시간의 향기가 고스란히 배어 있는, 누군가의 길이 되어주는 어른이 되고 싶다.

　마음의 향기, 표정과 기운으로 전해지는, 말보다 깊은 메시지
　'나이가 들면 얼굴에 책임을 져야 한다.'는 말이 있다. 병원에는 80대 어르신을 50~60대 나이 든 자녀가 모시고 오는 경우가 많다. 그중엔 화와 짜증이 말투와 얼굴에 고스란히 새겨진 분들이 있다. 첫마디부터 베일 듯이 예민하고 불만이 서린 눈빛을 마주

할 때면, 감정은 어느새 오물로 뒤덮인 쓰레기통처럼 뒤엉켜 일그러져 버린다.

울컥해지는 마음을 애써 눌러보지만, 어느새 하기 싫은 숙제를 꾸역꾸역 해내는 아이처럼 미성숙한 생각이 슬그머니 고개를 든다. 나쁜 기운은 공기를 타고 순식간에 퍼지고 만다. 집중은 좀처럼 되지 않고, 머릿속엔 잔뜩 가시가 돋아 커다란 공처럼 빵빵하게 부푼 복어만 자꾸 오버랩된다.

아이러니하게도 나이 든 사람의 얼굴에 스며든 가시들은, 측은지심을 일으킨다. 전부는 아니지만, 상대의 아픔을 조금은 알기에 주춤거리는 마음을 다독이며 상담을 이어간다. 함께 온 보호자의 표정과 분위기 역시 부모를 꽤 닮아 있다. 삶을 대하는 태도와 마음의 결이 긴 시간 함께 하며 스며들었기 때문일 것이다. 인간인지라, 두 사람이 가시 협공을 펼치면 아찔하다. 그럴 때면 곤두박질쳐 버린 가슴 한끝에서 연민을 겨우 끌어올려, 한숨을 달래어 본다.

반면, 마음을 진정시키는 은은한 기운이 머물러 편안함을 주는 분들이 있다. 세월이 깃든 주름 위로 따뜻함이 흐르고, 인자한 눈빛에는 조용한 온기가 묻어난다. 바라보는 것만으로도 '저분처럼 나이 들고 싶다.'는 마음이 절로 든다.

문득, 언젠가 엄마의 일기장에서 본 글이 떠오른다.

"어머니는 참 밝은 분이셨다. 옛날에 사람들이 일하러 오면 그 집 아이들까지 불러다 전부 밥을 먹이셨고, 저녁밥을 먹은 후에도 큰 밥그릇에 한 그릇 더 얹어 주시곤 했다. 초등학교 동창 애가 '너희 어머니는 참 인자하셨어. 그 시절에 너무 감사했었지.'라고 말해주던 기억도 떠오른다."

   외할머니를 떠올릴 때면, 자작나무 한 그루가 그려진다. 하얗고 곧으며, 바람에도 쉽게 흔들리지 않는 단단한 줄기. 결이 곱고 속이 맑은 나무처럼, 외할머니의 성품은 곧고도 투명했다. 단지 인자한 분이 아니라, 곁에 있는 이들의 마음을 살피고 말없이 품어 안는 따뜻한 기운이 기억난다.

햇살이 나뭇잎 사이를 지나며 바닥을 데우듯, 외할머니의 온기는 나에게도, 엄마에게도, 이웃의 마음에도 스며들어 긴 세월 동안, 조용히 따뜻하게 살아 숨 쉬었다.

훗날 누군가가 나를 떠올릴 때, 단단하면서도 자애로운 외할머니를 닮아, 온화한 향기로 기억되기를 소망한다. 편안하고 주위를 조용히 감싸주는 어른이 되자고, 다시 한번 마음속에 새긴다.

내 나이 여든에는

내 나이 여든에는 무엇보다
말이 곱고 고운 할머니가 되고 싶다.
목소리에는 시간이 빚어낸 울림과 지혜가 머물러
가볍지 않은 무게감으로 사람들의 마음을 토닥일 수 있으면 한다.

겉모습은 조심스럽되,
누구든 옆에 있으면 편안해지는 분위기를 담고,
정중하지만 따뜻하고,
기품 있는 단정한 옷차림에 은은한 향기를 품은 채
주위에 맑은 기운을 전할 수 있는 어른이면 좋겠다.

조용히 다가와 지혜를 묻고 싶어지는,
온화함과 따뜻함이 배어 있는 얼굴.
배려할 줄 알고,
아낌없이 베풀 줄 알고,
새로운 것을 향해 배우려는 마음을 가진 사람.
실수가 있다면 기꺼이 인정하고,
용서를 구할 줄 아는 용기 있는 노인.

그래서 오래도록 귀한 향기로 기억되는 어른이고 싶다.

아들아

  내가 여든이 되면, 너는 오십 중반쯤이겠구나. 인생의 굽이굽이에서 쉼을 고민하고 있을 수도 있겠네.
어렴풋이 그려보니, 꽤 장성한 자식이 있을 수 있겠고, 직장이나 하는 일에서 내려와야 하는 어려움도 있겠다는 생각이 든다.

  여든 즈음의 나는, 세월의 흔적이 모습과 삶에 스며들어 있겠구나. 감각 하나하나가 무뎌져, "만 원이에요."라는 소리에 돈을 건네기까지 슬로모션 같은 느림도 생길 것이고, 야트막한 언덕을 오르는 일도 쉽지 않아 지팡이를 짚을 수도… 여행도 자유롭지 않겠지. 마음껏 책을 읽거나 글을 쓰고 싶어도 눈이 침침해서 쉽지 않을 거야. 넘어져서 다치면, 회복하는데 긴 시간이 필요할 테고, 그저 일상으로 돌아올 수 있음에 감사해야 하겠지.

  그러니, 부탁하마.
엄마가 작고 어린 너의 손을 잡고 발맞춰 걸어주었듯이, 천천히 기다리며 지켜봐 주기를. 실수하거나 굼떠 보일 때, "우리 엄마는 참 귀엽다."라고 한 번쯤은 웃어 넘겨줄 수 있을까? 나도 나름대로 최선을 다해 노력하고 있을 테니까.
혹시라도 나이가 들었다는 이유로 "엄마는 이런 걸 모르시잖아요.", "이건 엄마가 하시기엔 무리예요." 라고 선을 긋지는 말아다오. 왠지 모르게 서운하고 시리게 들릴 것만 같구나.

　약속하마.
사는 동안 나이 듦을 두려워하지 않기로. 오히려, 그 안에서 더 단단하고 깊어지려고 노력할게. 비록 몸은 느려지고, 불편함은 늘어가겠지만, 마음만은 부드럽고 따뜻하게 간직할 수 있도록. 나이가 들수록 배움에 귀를 열고, 실수는 인정하고, 너희와 편안히 소통하려 애쓸게. 지혜를 나누고, 생각과 삶의 이야기를 나누며 함께 웃을 수 있는 사이가 되었으면 좋겠구나. 힘들거나 지칠 때, 엄마에게서 조금이라도 위로를 받을 수 있다면 그것만으로도 충분히 좋은 어른으로 살아가는 거라고 믿을 수 있을 것 같아.

　그래서, 바라게 된다.
여든 즈음, "엄마, 곁에 있어 주셔서 감사해요."라고 말할 수 있기를. 멀리서도, 오랜 세월 너머에서도 따뜻한 기운으로 기억되기를. 사랑하는 아들아, 하루하루 네 삶에도 귀한 향기가 깃들길 바란다. 그것은 노력이나 돈으로 얻을 수 있는 게 아니라, 태도와 마음에서부터 피어난다는 걸 깨달으면 좋겠구나. 언젠가 너도 나이가 들었을 때, 이 글을 다시 꺼내 읽으며 이렇게 말할 수 있으면 좋겠다.
"엄마는 참 좋은 분이었지. 저도 엄마를 닮아가고 있어요."

나이 들어가는 길목에서, 자녀에게 꼭 전하고 싶은 말이나,
조심스레 부탁하고 싶은 마음이 있다면 적어주세요.

엔 딩

잘 살다, 잘 간다.

"우리는 죽기 위해 태어나고,
잃어버리기 위해 소유하며,
떠나보내기 위해 만난다."

나의 마지막 날, 세상은 이랬으면 좋겠다.

대학 시절, '수의 디자인' 보고서를 쓴 적이 있다.
공부에는 한참 불량했던 때였지만, 『가실 때는 왕처럼 가소서』라는 부제가 지금도 기억이 날 만큼 그 보고서에는 유난히 정성을 쏟았다.

'고인은 평생 힘들게 세상을 살다 가시니, 마지막 길만큼은 가장 고귀하고 화려한 옷으로 위로를 받으셨으면…' 정성스러운 마음을 담아, 하얗고 풍성한 웨딩드레스를 변형한 한복 형태의 수의를 디자인했고, 명복을 비는 글귀를 금박으로 새겨 넣었다.

돌이켜보면, 왜 '고인은 평생을 힘들게 살다 가신다.'고만 여겼을까? 그때의 나는, 어른들의 얼굴에서 고단함을 읽었고, 삶을 고된 여정으로 느꼈다.
이제는 생각이 바뀌었다.
적어도 나는 행복하고 즐겁게 잘 살다 가니 화려한 옷의 위로는 필요 없다. 아쉬움도 없고, 미련도 없다. 설령 필요하다 한들, 죽은 뒤에 그게 무슨 소용이 있으랴. 마지막 옷, 수의에는 주머니 하나 없어, 동전 한 닢조차 지니지 못한 채 떠나는 게 세상의 이치인데.

어느 날, 아들이 전화로 물었다.
"엄마, 친한 형 부모님께서 자식 결혼식 날 영정사진을 찍으신다는데, 어떻게 생각하세요?" 조심스럽게 건넨 질문의 의도가 무엇이었는지는 지금도 잘 모르겠지만, 순간 반짝였다.
"아! 너무 좋은 아이디어네~!"
자식의 결혼식 날, 예쁘게 단장하고 얼굴 가득 행복을 머금은 순간이라면, 내 안에 가득 찬 사랑과 기쁨이 사진에서 솔솔 새어 나올 것만 같았다.
그건 정말이지, 완벽한 영정사진일 것이다.

자, 사진은 준비되었고, 장례는 가족끼리만 소박하고 간소하게 치렀으면 한다. 3일장, 5일장 같은 격식은 내려놓고, 하루 이틀 안에 조용하고 차분히 마무리되길 바란다. 마지막으로 잠시 머무를 장례식장엔 좋아했던 오르골 캐럴이 잔잔히 흘러나왔으면 좋겠다.
모인 사람들은 눈물 대신 웃음으로 나를 기억하고, 서로의 추억을 함께 나누며 따뜻한 시간 속에서 편안하게 머물 수 있기를...

굳이 여러 겹의 수의를 입히느라 수고하지 말고, 평소 편히 입던 옷을 깨끗이 입혀서 남김없이 잘 태워주길. 그리고 뿌릴 수 있는 곳에서 자유롭게 흩날려 보내주기를 바란다.
혹시라도, 세상 어딘가에 내가 잘 떠났다는 것을 꼭 전해야 할 분이 계신다면, 그저 이 글을 대신 전해주었으면 한다.

잘~살다 잘~갑니다!
이곳에서도 웃으며 씩씩하게 살았으니,
또 다른 세상이 있다면, 그곳에서도 그렇게 지내고 있겠습니다.
눈물은 인연의 소중함과 감사한 마음을 함께 담아서
제가 고이 품고 가져가겠습니다.
부디 너무 슬퍼하지 마세요.
미련이 남아 발길이 떨어지지 않을 것 같습니다.
찾아오실 필요도, 노잣돈도, 꽃도 다 필요 없습니다.

그저 먼 하늘 바라보고 "잘 가라!" 미소 지으며 인사해 주시면,
저도 손 한 번 흔들며 웃으며 가겠습니다.
참 감사했습니다.
좋은 인연으로 곁을 내어주셔서

죽음은 늘 저와는 상관없는, 먼 이야기라고만 여겨왔습니다. 그런데, 몇 년 전 겨울, 코로나로 남편을 잃을 뻔했던 시간을 지나면서 죽음을 자연스레 떠올리게 되었습니다.
그 때 처음 깨달았습니다. 내가 준비하지 않으면, 떠난 뒤 남겨진 사람들이 감당해야 할 현실의 짐이 얼마나 클 수 있는지.
누구도 자신이 떠날 날을 미리 알지 못합니다.
언제든 갑작스럽게 예고 없이 찾아올 수 있는 일이기에, 마음속 생각과 더불어 구체적으로 연명치료에 대한 뜻, 남겨질 유산에 대한 정리까지 글로 남겨보기로 했습니다.

'죽음'이라는 주제는 분명 무겁고, 꺼내어 나누기 어려운 이야기입니다. 그러나 살아 있는 동안 마주해 보면서, 남아 있는 날들을 어떻게 채울지 스스로 물어볼 수 있습니다. 그 과정에서 함께하는 사람들의 존재를 더 깊이 느끼고, 삶의 귀함을 다시금 깨달을 수 있습니다.

생각들을 차곡차곡 되새기며, 지금 해야 할 선택을 미루지 않을 용기를 내어 봅니다. 글을 통해 바람을 남겨둘 수 있는 기회를 스스로에게 허락해 봅니다. 그것은 제가 삶을 더 잘 살아내기 위한 애씀입니다. 다행히도 저는 양가 부모님께서 남겨주신 글 속에서, 삶과 이별에 대한 진심어린 바람을 미리 마주할 수 있었습니다. 그 기록들은 헤아릴 수 없는 위로이자 가르침이 되었습니다.
여러분도 한 번쯤은 자신의 마지막을 떠올리며 글을 남겨보시길. 부모님이 곁에 계신다면, 그분들이 바라는 마지막은 어떤 모습인지 조심스레 여쭤보기를 권해봅니다.

　떠나면, 더는 물을 수 없으니까요...

아들아

　언젠가 우리가 네 곁을 떠난 뒤, 너무 힘들어하지 않았으면 좋겠구나.
그리운 존재가 곁에 없다는 건 아무리 준비해도 참 쓰린 일이긴 하지. 하지만, 엄마 아빠는 오랜 시간을 '어떻게 살아야 잘 떠날 수 있을까.'를 염두하며 살았단다.
평소 마음의 짐을 덜어내고, 하루하루를 소중히 여기며 충실했기에, 언제든 담담히 이 말을 전할 수 있어.
"행복하게 살았고, 잘 가니 너무 슬퍼하지 마라."

　다행히도 너에게 삶의 흔적을 남길 수 있었고, 말로는 다하지 못한 사랑도 솔직하게 담아 둘 수 있었으니, 충분하단다.
살다 보면 고단할 때도 있고, 막막한 길 앞에서 멈춰 설 때도 있을 거야. 그럴 때는 조용히, 귀하게 담아둔 엄마의 목소리를 떠올려 보렴. 우리가 그리워질 때, 여기 담긴 추억들이 너에게 작은 위로가 되길.
책장을 넘기며 함께 한 행복했던 순간들을 떠올리고, 지금 네 곁을 지켜주는 소중한 가족들과 웃으며 펼쳐볼 수 있기를 바란다.

　되돌아보니, 참 고마운 인생을 살았더라.

부모님의 사랑받는 딸로,
보석 같은 너의 엄마로,
그리고 선한 남편과 행복을 나누며…

   그러니, 아들아.
너는 네 삶을 온전히 살며 웃고, 사랑하고, 행복하게 지내다오.

   엄마의 마지막 소망은 그거 하나란다.
"내 아들이, 마음껏 잘 살아내기를"

   사랑한다.

덧붙이는 마음으로
   세상에 흔적을 남기고 싶지 않았고, 네가 '때 맞춰 나를 보러 와야 하는 숙제'를 안고 살아가게 하고 싶지 않아서, 엄마는 산분장을 부탁했단다.
하지만 문득, 몹시 그리운 날 발길 닿을 곳 하나 없어 네 마음이 더 외로워지진 않을까, 걱정이 들더라.
그럴 땐, 하고 싶은 이야기를 잘 담아 글로 적어보렴.
네가 전하는 편지가, 언젠가, 어디선가 엄마에게 닿을 수 있도록.
간절히 부를 땐, 엄마가 너를 보러 다녀갈게.

여러분은 삶의 마지막 순간에 자녀에게 남기고 싶은
당부가 있으신가요?

이야기 4
남은 이야기

특별한 가족

반려견 이야기, 딱지

내 작고 하얀 친구, '딱지'

안녕, 내 이름은 딱지.
열네 살이야. 엄마, 아빠, 그리고 동생 같은 장난꾸러기 오빠가 있지. 나는 추운 겨울, 작고 차가운 유리상자 안에서 벌벌 떨며 지내고 있었어. 수많은 사람들이 들여다보았지만, 몇 달째 그냥 지나치기만 했지. 영영 그곳을 벗어나지 못할까 봐 정말 무서웠어. 어느 날, 작은 남자아이가 반짝이는 눈으로 나를 유심히 바라보는 거야. 그 순간 간절히 바랐지.
"제발, 제발 나를 데려가 줬으면 좋겠다."
하지만 사람들은 그냥 가버렸어. 절망적이었지.
그런데 다음 날, 그 가족이 다시 온 거야!
순간 너무 기뻐서 온몸으로 용기를 내었어. 꼬리를 힘껏 흔들고, 두 발로 일어서서 "저 여기 있어요!" 하고 소리쳤지.

그렇게 우리는 가족이 되었어.
처음 안긴 엄마 품은 따뜻하고 포근해서 떨어지고 싶지 않았지. 낯선 장소에 도착해서 믿고 의지할 곳이라고는 처음 안아주었던 사람밖에 없었기에 엄마를 졸졸 따라다녔어.
"코딱지만 한 게 딱 붙어 따라다니는구나. 앞으로 딱지라고 해야겠다." 그래서 내 이름은 '딱지'가 되었지.

겁쟁이 같아 보이지만, 사실 어릴 땐 진짜 용감했어. '구구구'거리며 어슬렁거리던 비둘기를, 사나운 화이트 팽처럼 전속력으로 달려가 순식간에 확! 덮쳤지... 아, 거의 잡을 뻔했다니까.

　가끔 가족들과 함께 차를 타고 가는 여행도 좋았어.
작은 가방에 담겨 산으로 바다로 향하는 길은 행복했지. 캠핑도 가고 시골집 마당에서 따스한 햇볕을 쬐는 시간도 최고였어.
제일 즐거운 일은 엄마 아빠와 매일 집 앞에 산책을 가는 거야.
상쾌한 바람이 코끝을 스치고 발걸음이 가벼워지는 기분이란.
햇살 따뜻한 날엔 호숫가 앞에서 버스킹도 했지.
"내 이름은 딱지~ Ddakji~! 딱지~!"
엄마와 나는 작은 소리로 또 신나게 노래했어.
내가 이 구역 으뜸 가수지.

　그런데 요즘 부쩍 몸이 힘들고 자꾸만 잠이 와. 뒷다리에 힘이 없어서 서 있는 것조차 힘들어. 입맛도 없는데 엄마가 자꾸 억지로 밥을 먹여. 먹기 싫지만 애원하는 눈빛을 거절할 수 없어서 겨우 삼키지.
어떤 때는 숨쉬기가 정말 힘들어. 헐떡거리고 있으면 엄마 아빠는 나를 데리고 낯선 곳으로 달려가. 아픈 친구들이 가득한 그곳에서 힘든 시간을 보내면 조금은 편안해져.

　엄마가 자꾸 울어.

그러면 나도 슬퍼.
가족들이 걱정스러운 눈으로 바라보는 게 마음 아파. 하지만 난 최고의 삶을 살았어. 사랑도 넘치게 받고, 나이 들고 아플 때 극진한 보살핌도 받았거든.

　엄마와 내가 좋아하는 따뜻한 봄날.
벚꽃이 눈처럼 흩날리는 그 계절에, 다시 한번 호숫가에서 버스킹을 하면 좋으련만. 곧 떠나야 할 것 같아...
내가 잊을까 봐 엄마가 자꾸 말해.
"무지개를 건너가면 '쎈'오빠를 찾으렴. 씩씩한 오빠가 널 보호해 줄 거야. 그리고 꼭 나중에 오빠와 함께 엄마를 마중 나와주렴."

　네, 제가 꼭 마중 나갈게요!
그리고 그때는 헤어지지 말아요.
사랑해요! 우리 가족.

딱지와의 마지막 봄날

　어릴 적, 아빠에게 잊지 못할 선물을 받았다.
예쁘고 하얀 강아지, '쎈'
어린 시절을 함께 울고 웃으며 곁을 지켜주던 소중한 존재. 쎈은 열여섯 해를 우리와 함께 살다가, 조용히 무지개다리를 건넜다. 그때 다짐했었다. 다시는 그런 인연을 맺지 않겠다고, 깊은 이별의 고통을 겪지 않겠다고. 그렇게 다짐했건만, 외동으로 자라며 외로움을 호소하는 아들의 간절한 눈빛 앞에서 또 한 번 마음을 내주고야 말았다.

처음 만난 '딱지'는 겁에 질린 눈빛으로, 유리 케이지 한쪽 구석에서 덜덜 떨며 가만히 웅크리고 있었다. 너무 작고 여려 보여서 한동안 눈에 밟혔다. 애견가게 사장님은, 얼굴이 예뻐서 '아기 낳는 강아지'로 키울 거라고 했지만, 그 말에 마음 한 구석이 긁혀, 밤새 잠을 이루지 못했다.
결국, 다음 날 우리는 그 아이를 데려왔다.
처음 품에 안긴 순간부터 내 곁을 떨어지려 하지 않았고, 정말 너무 작고 작아서, "코딱지만 한 게 딱 붙어 다닌다."는 뜻으로 '딱지'라고 이름을 붙여주었다.

살면서 이런 존재를 또 만날 수 있을까. 말 대신 눈빛으로, 몸짓으로, 그리고 조용한 숨결로 모든 희로애락을 함께 나눴던 아이. 겁이 많아 늘 품에 안겨서도 덜덜 떨곤 했지만, 가족이 함께 있을 때는 누구보다 용감했다. 가끔은 동네 비둘기에게도 사냥개처럼 달려들며 용맹을 뽐내던, 작지만 당찬 아가씨였다.

우리는 함께, 수많은 추억을 쌓으며 행복한 시간을 보냈다.
열네 살이 된 딱지는, 사람 나이로 치면 팔십쯤...

인간의 수명과는 다른 셈법으로, 강아지의 시간에서는 이미 노인이 되어 있었다. 세월이 몸을 조금씩 앗아가고 있었던 걸까. 몇 달 전부터 서서히 아파하던 딱지는, 어느 날 갑자기 숨을 고르기조차 힘들어했다. 무너짐은 아주 서서히, 그러나 분명히 다가왔다. 무력하게 지켜볼 수밖에 없는 날들이 길어졌고, 하루하루를 간절히 붙잡으며 살았다.

벚꽃이 피는 계절이 오면, 좋아하던 호숫가에 함께 버스킹 하러 가자고, 이겨내자고, 버려달라고, 애원했다.
요즘 딱지는 내 체취가 밴 옷을 베고 조용히 하루를 보낸다. 눈은 감은 채, 귀도 들리지 않아 오직 나의 손길에만 반응하는 모습이 말할 수 없이 가슴 시리다.

하얀 얼굴에 윤기 나는 검은콩 세 알을 콕 박아놓은 듯, 눈부시게 사랑스러웠던 너.
가족들 곁을 졸졸 따라다니며 온 마음을 건네던, 따뜻한 너.
우리 삶에 조용히 내려앉은 선물 같았던 너를.
딱지야,
정말... 말로 다 할 수 없을 만큼 사랑한단다.

천사 같은 아이, 내 품에서 잠들다.

"시간이 다독여 줄 거라 믿었지만, 어떤 그리움은 오히려 더 선명해집니다."

반려가족, '딱지'는 작년 가을부터 폐에 물이 차는 원인 모를 병이 생겨서 많이 아팠습니다. 흉수를 뺄 수 있도록 몸 안에 '포트'라는 장치를 삽입하는 수술도 받았어요. 이후로는 5일에 한 번씩 가녀린 몸에 굵은 주삿바늘을 꽂고, 폐에 가득 찬 물을 빼는 처치를 반복해야만 했습니다. 2kg도 채 되지 않는 작은 몸으로 그 모든 걸 견뎌내는 것이 안쓰러웠습니다.

점점 더 마르고, 체력도 눈에 띄게 약해졌습니다. 숨을 헐떡이고 응급 상황이 올 때마다 병원으로 달려가는 일이 잦아졌고, 해줄 수 있는 게 더 이상 없다는 사실이 그저 원망스러웠습니다.

어느 날, 걷지도 못하고 힘들어하던 딱지를 안고 약을 먹이던 중, 저는 아이의 귓가에 조용히 속삭였습니다.

"많이 힘들면 가도 돼. 우린 괜찮으니까, 이젠 아프지 않은 곳으로 가렴." 그 말은, 처음으로 정말 어렵게 진심을 다해 꺼낸 말이었습니다. 더 이상 붙드는 건 제 욕심이라고 생각이 들어서였지요.

그 말이 전해졌던 걸까요.

바로 다음 날, 딱지는 생을 마쳤습니다.

나중에서야, 저는 아이가 숨을 거두기 불과 30분 전의 순간을 떠올리게 되었습니다. 딱지의 눈빛이 다시 맑아졌거든요. 초롱초롱한 눈으로 저를 바라보았고, 반응하지 않던 소리에 기적처럼 귀를 기울였으며, 힘없이 누워 있던 몸도 잠시 꿈틀거렸습니다.
그 작은 몸짓에
'혹시 다시 괜찮아지는 걸까?'
'며칠만이라도 더 함께할 수 있을까?' 하는 환희와 희망이 마음속에 피어올랐습니다. 하지만, 작별 인사를 위한 마지막 몸부림이었다는 걸 뒤늦게야 알았습니다.

남은 힘을 다해 이별을 건네고 딱지는 조용히 숨을 몰아쉬기 시작했습니다. 갑작스레 짧은 경련이 일었고, 작고 여린 몸을 몇 번 들썩이더니 이내 숨이 가빠지며 제 품 안에서 조용히 멈춰버렸습니다. 장미꽃잎처럼 예뻤던 혀는 하얗게 빛을 잃어가고, 초점 없는 눈은 점점 커지며 멈췄습니다. 청각은 마지막까지 남아 있다고 믿었기에, 혼자 떠나는 길이 외롭고 무서울까 봐서 계속해서 말을 건네고 함께 부르던 노래를 불러 주었습니다.

"딱지야, 사랑해. 고마웠어. 이제 아프지 마. 빛이 보이면 따라가. 헤매지 말고, 뒤돌아보지 말고... '쎈' 오빠를 찾아가. 내 이름은 딱지~! Ddak..."
하지만 울음이 복받쳐 올라, 끝까지 부를 수가 없었습니다.

너무도 야위어 버린 작은 몸, 아이를 품에 안고 흐느끼는 저를 바라보던 남편이 끝내 꾹 참았던 눈물을 터뜨리며 말했습니다.
"나도... 마지막으로... 한 번만 안아봐도 돼?"

딱지 이야기, 첫 번째 글을 쓰고 나서 꼭 일주일 후.
햇살 눈부신 4월의 어느 봄날, 겨우 매달려 있던 마지막 벚꽃 잎이 조용히 바람에 떨어졌습니다.

그리고 그날.
14년을 가족으로 살아온 딱지는 마지막으로 제 품에 안겨, 고요하고 평화롭게, 참 고귀한 모습으로 생을 마쳤습니다.

천사 같은 아이는 떠나는 순간까지도 마치 우리를 걱정하듯, 편안한 표정과 눈빛으로 이렇게 말해주는 것만 같았습니다.
"괜찮아요. 울지 마요. 행복했어요. 사랑해요."
작고 하얀 강아지.
딱지는 우리에게, 가족이었고, 선물이었고 귀한 인연이었습니다.

딱지야, 고맙고... 사랑한다.
우리의 곁을 너의 온기로 따뜻하게 채워줘서, 고마웠어.
이제는 건강하게 '쎈'오빠와 신나게 뛰어다니며, 행복하게 지내렴!

엔딩노트

걱정하지 말고 대비하자
사전 연명 의료 의향서
사망 시 법적 절차
유언장
상속
성년 후견인 제도
사전연명의향서 견본
자필 유언장 작성해보기

걱정하지 말고, 대비하자.

나의 죽음.

눈을 감고 떠올리며, 가족에게 남기고 싶은 이야기들을 꺼내 보니, 의외로 마음에 남는 건 아주 소소한 순간들이었습니다. 젊고 반짝이던 시절의 꿈과 시련 그리고 사랑 이야기, 함께 울고 웃으며 지낸 순간들, 꼬마였던 아들이 건네주던 작은 행복들처럼 일상의 조각이었습니다.

삶의 마지막이 며칠 남지 않았다고 상상하고, 꼭 하고 싶은 일들을 생각해 봐도, 역시 평범한 장면들이었습니다. 남편과 김밥을 싸서 떠나는 소풍, 부모님과 나누는 따뜻한 식사, 아들과 시원한 맥주 한잔을 기울이며 살아가는 이야기를 나누는 일처럼요. 떠올리는 것만으로도 코끝이 시큰해지지만, 특별한 무언가가 아닌 일상으로 가득했습니다.

내게 정말 소중한 것은 바로 곁에 있었습니다.

언젠가 마주할 죽음 앞에 가족과 소중하게 나눈 작고 다정한 순간들을 놓치고 싶지 않아 글을 쓰기 시작했습니다. 해피엔딩을 위한 마음의 준비는, 글을 쓰며 한 고백과 성찰 속에서 서서히 깊어졌습니다. 그 마음 위에 현실적인 준비 또한 필요하다는 사실을 담담히 받아들이게 되었지요. 그동안 외면해 왔던 일들을 마주하며, 직접 따뜻하고 단단하게 삶을 마무리하고자 마음을 다잡았습니다.

결심의 시작은 2년 전쯤, 여행을 앞두고였습니다.
문득 이런 생각이 들었어요. '혹시 우리 부부가 함께 사고를 당한다면, 홀로 남게 된 아들이 이 모든 상황을 감당할 수 있을까?' 가까운 지인들의 갑작스러운 죽음을 연달아 겪으며, '사람이 세상을 떠나는 날은 누구도 예측할 수 없다.'는 사실이 마음 깊이 각인되던 시기였죠. 남겨진 이들이 마주해야 할 절차와 법적 문제들이 생각보다 훨씬 복잡하고 까다롭다는 것도 처음으로 알게 되던 때였습니다. 빚이든 재산이든, 모든 것은 결국 남은 이들의 몫이 되고, 그 무게는 이제 막 성인이 된 아들에게는 너무 벅찰 것 같았습니다.

　그래서 노트북에 하나씩 정리를 했습니다.
남편이 변호사인 친한 언니의 연락처, 믿고 의지할 수 있는 몇몇 지인의 이름과 전화번호, 그리고 우리의 소소한 재산 목록과 그것을 누구에게, 어떻게 남길지에 대한 계획까지 상세히 기록해 놓았습니다. 출발하는 비행기 안에서 아들에게 짧은 문자를 보냈습니다.
"혹시라도 무슨 일이 생기면, 노트북에 정리된 파일이 있어. 연락처를 남겨둔 분들이 널 도와줄 수 있을 거야."
그 일을 계기로 마지막을 준비한다는 건 남은 이들을 위한 책임이자 사랑이라는 걸 조금씩 이해하게 되었죠. 사람들은 아픈 가족을 바라보며, '아직은 아니겠지.', '훨씬 더 살 수 있을 거야.' 하고 막연히 낙관하곤 합니다. 하지만 죽음은 결코 먼 이야기가 아닙니다. 젊고 건강한 날에도, 어떤 예고도 없이 불쑥 찾아올 수 있으니까요. 문제는, 이런 사실을 알고 있음에도 가족끼리 터놓고 대화하기란 쉽지 않다는 것입니다. 부모님께 먼저 말을 꺼내면 괜히 불효처럼 느껴지고, 자신의 죽음을 준비한다고 생각하면 어색하고 씁쓸해지기 마련이지요.

하지만 미루거나 외면한다고 달라지지는 않습니다.

피할 수 없는 이별을 불편한 '이야기'로만 둘 것이 아니라, 삶의 마무리를 제대로 준비하는 '행동'으로 옮겨야 합니다. 연명치료나 장기기증 같은 중요한 결정들도 미리 법적인 테두리 안에서 기록하고 준비해 두지 않으면, 남은 이들이 대신 결정해야 하고 고통스러운 책임을 져야 하는 상황에 놓이게 될 테니까요.

　죽음을 전제로 삶을 정리하는 것은 단지 생의 끝을 준비하는 일이 아닙니다. 무엇을 어떻게 남길지, 누구에게 어떤 마음을 전할지, 자연스레 내 삶에 대해 깊이 성찰하게 됩니다. 그런 시간들은 오히려 더 충실하고 의미 있게 살아가기 위한 또 하나의 출발점이 되어줍니다. 하지만 안타깝게도, 현실은 생각보다 훨씬 복잡하고, 때로는 차갑기까지 하더군요.

　얼마 전, 한 가장이 빚을 감당하지 못해 성인 자녀 둘을 포함한 가족 모두의 생명을 끊은 참담한 사건이 있었습니다. 속사정까지는 알 수 없지만, 뉴스를 접하고 오래도록 마음이 무거웠습니다. 만약 상속에 대해 알고 준비할 수 있었다면, 조금은 다른 선택이 가능하지 않았을까 하는 아쉬움이 남았습니다. 이후, 마음만으로는 충분하지 않다는 사실을 더욱 실감하게 되었습니다.

살면서 유산을 물려받은 경험도 없고, 내 죽음은 단 한 번 뿐이기에 배울 기회가 없었습니다. 그래서 불필요한 걱정과 마음의 소모를 줄이기 위해 상속과 증여에 대한 공부를 시작했습니다. 존엄사, 장례 방식, 유산 상속, 유품 분배, 법적 절차, 세금, 그리고 전하고 싶은 마음들까지… 주인공은 결국 '나' 자신이지만, 모든 결정은 내가 부재한 자리에서 이루어질 것입니다. 장례는 짧기에, 준비되지 않았다면 슬픔이 채 가시지도 않은 상태에서 누군가가 고인의 공간을 정리할 것이고, 공들여 살아온 일생을 온전히 헤아리는 것은 어려울 것입니다. 모든 것은, 이성적이고 건강한 지금, 스스로 냉철하게 판단하고 결정하는 것이 가장 좋습니다. 살아온 시간들을 어떻게 전하고 남길 것인지, 나의 뜻을 평소에 담아두는 것이 '잘 남기는 인생'의 출발이기에.

과거에는 상속이 재벌들만의 문제로 여겨졌지만, 이제는 보통의 우리들에게도 중요한 현실이기에, 잘 전하고 남기는 법을 알고 미리 대비할 필요가 있다고 느꼈습니다. 하지만 알면 알수록, 절차는 더 복잡했고 법적인 부분은 예상보다 훨씬 까다롭고 어려웠습니다. 공부를 하는 과정에서 사례를 통해 분쟁이 생각보다 빈번하다는 사실을 알게 되었고, 양가 부모님께
"남기려 하지 말고, 당신들 삶을 위해 잘 쓰세요." 라고 말씀드렸지만, 아끼고 살아오신 세월만큼 쉽게 받아들이시지 못하더군요. 몸에 밴 삶의 방식이란, 참 단단하다는 걸 다시금 느꼈습니다. 더 늦기 전에, 저는 삶을 한 걸음 먼저 성찰해서 부모 세대보다 조금 더 유연한 길을 걷기로 마음먹었습니다.

안수남 세무사님이 유튜브에서 이런 말을 한 적이 있습니다. "안 주면 맞아 죽고, 덜 주면 볶여 죽고, 다 주면 굶어 죽고, 잘못 주면 세금으로 다 나가 죽어요." 마냥 웃기에는, 그 안에 담긴 상속과 세금, 정리에 대한 현실적인 경고가 무거웠습니다.
그래서, 우리가 미처 대비하지 못해 겪게 되는 상황들에 대해, 조심스럽지만 분명하게 알려주고 싶었습니다. 이어지는 내용들이 단순한 정보에 그치지 않고, 여러분의 삶을 지켜주는 하나의 선택지가 되기를 바랍니다. 이 작은 실천이 누군가에겐 큰 도움이 되고, 꼭 필요한 순간에 유용하게 닿기를 바라며 이 글을 전합니다.

당신의 오늘이 더 따뜻하고 단단해지길 바라며, 해피엔딩은 지금부터입니다.

1. 사전연명의료의향서

- 정의

자신이 향후 임종 과정에 있는 환자가 되었을 경우를 대비하기 위함. 건강할 때 죽음에 대해 생각해 보고 생명만을 연장하는 무의미한 의료시술을 받을 것인지의 여부와 호스피스의 이용 의사에 대한 뜻을 미리 밝혀 둘 수 있는 문서

> **사례 "아버지의 마지막 시간"**
>
> A씨의 아버지는 심정지로 쓰러진 후 의식을 회복하지 못한 채 입원했습니다. 병원에서는 회복 가능성이 거의 없어서, 연명의료 중단 여부를 가족이 결정해야 한다고 했습니다.
> A씨는 아버지가 평소 "고통스럽게 연명하는 건 원치 않는다."고 말씀하셨던 걸 기억하고 있었습니다. 하지만 형은 "끝까지 해보자."며 치료를 지속하자고 주장했고, 여동생은 연락이 끊긴 지 오래라 동의 절차조차 진행할 수 없었습니다.
> 의견이 다른 가족은 며칠 동안 병원에서 얼굴을 붉히며 다퉜고, 누구도 확신을 갖고 결정을 내리지 못한 채 시간만 흘러갔습니다. 그 사이 아버지는 인공호흡기와 약물에 의지하여 고통스러운 시간을 버텨야 했고, 결국 돌아가셨습니다.
> 연명의료에 대한 자신의 뜻을 미리 기록하지 못했던 일이, 남은 가족에게는 후회와 원망만 남긴 채 끝나버린 것입니다.

이처럼 연명의료에 대한 본인의 의사를 미리 기록해 두지 않으면, 남겨진 가족은 고통스러운 결정을 대신해야 하며, 때로는 사랑하는 이의 마지막 순간마저 갈등과 후회 속에서 맞이하게 됩니다. 그래서 우리는 사전연명의료의향서를 통해 자신의 뜻을 미리 밝혀두는 일의 중요성을 알아야 합니다.

- 작성 대상

의사 능력이 있는 19세 이상 성인

- 작성하는 곳

보건복지부가 지정한 사전연명의료의향서 등록기관
(의료기관, 보건소, 시도청)
비용 무료, 등록기관은 국립연명의료기관 홈페이지 검색 가능
https://www.lst.go.kr/main/main.do

- 작성 절차

신분증을 지참하고 등록기관에 방문
상담사를 통해 연명의료결정법에 따라 의향서를 직접 작성

- 등록 절차

작성된 의향서를 연명의료정보처리시스템에 등록
등록증을 신청하면, 약 1개월 이내에 수령 가능함

- 작성하지 않았을 때 발생하는 일

의식이 없거나 본인의 의사가 확인되지 않는 경우 연명치료의 중단 및 유지 여부는 법적으로 가족의 판단에 따르는데, 동의가 필요함 (직계 가족 2인 이상이 일치된 의사를 밝혀야 함)

가족이 연락이 되지 않거나 의견이 다를 경우, 연명의료 중단 결정이 불가능해지고 원하지 않는 인공호흡기, 심폐소생술 등이 계속될 수 있음
<자료. 국립연명의료기관 홈페이지 참고>

2. 사망 시 법적 절차

사람이 세상을 떠난 뒤에는 남은 가족이 정해진 기한 안에 여러 행정 절차를 처리해야 합니다. 다음은 반드시 확인하고 진행해야 할 주요 단계입니다.

① 사망진단서 발급
병원 또는 의료기관에서 의사가 발급
② 사망신고 (사망일로부터 7일 이내)
관할 주민센터에 사망진단서를 제출하고 신고
가족관계등록부 등기사항 정리에 반영됨
③ 안심상속 원스톱 서비스 신청
정부24(www.gov.kr) 또는 주민센터에서 신청
금융·보험·연금·건강보험·부동산 등 사망자의 재산과 채무 내역을 한 번에 통합 조회 가능. 피상속인의 예금·대출·보증·증권·보험·신용카드 채무 등은 금융감독원(전화: 국번없이1332)을 통해 추가 확인 가능

④ 장례 절차 진행

고인의 유언 또는 가족의 뜻에 따라 매장, 화장, 봉안 중 선택하여 진행

⑤ 상속방식 결정 (사망일로부터 3개월 이내)

상속인이 선택할 수 있는 방법: 단순승인, 한정승인, 상속포기 (신고기간내에 한정승인 또는 상속포기를 하지 않으면 단순승인이 됨)

관할 가정법원에 신청

기한 엄수 필수, 처리 전에 고인의 재산은 함부로 인출하거나 처분 금지 (고인의 재산을 인출하는 경우 단순승인이 되어 한정승인이나 상속포기를 하지 못하는 경우가 생길 수 있음)

⑥ 상속등기 및 명의 변경

부동산, 자동차, 금융자산 등 상속재산의 명의를 상속인 명의로 이전

필요한 서류: 가족관계증명서, 상속재산 확인서, 법원 결정문 등

⑦ 상속세 신고 및 납부 (사망일로부터 6개월 이내)

- 기초공제: 2억 원
- 인적공제: 자녀당 5천만 원
- 배우자공제: 최소 5억 원, 최대 30억 원까지 가능
- 일괄공제: 5억 원 (단, 인적공제 등과 중복 적용 불가하며, 선택 적용함)
- 초과 재산에 대해 상속세 과세:

사망 전 10년 이내 증여받은 재산도 일부 합산되어 과세 대상이 될 수 있음
- 주의할 점: 배우자 공제를 받으려면 실제 상속받은 재산임이 확인되어야 함(상속 개시일 다음 날부터 9개월 이내 재산의 분할과 등기를 마쳐야 함)
- 관할 세무서 또는 홈택스(www.hometax.go.kr)를 통해 신고 가능

※ 법적 내용은 2025년 기준

📌 TIP | 안심상속 원스톱 서비스란?

사망신고와 동시에 신청할 수 있는 제도로, 가족이 각 기관을 일일이 방문하지 않고도 고인의 금융·연금·보험·부동산 관련 정보를 한 번에 통합적으로 조회하고 관리할 수 있게 돕는 서비스입니다.

3. 유언장

민법은 유언의 방식을 다섯 가지로 규정하고 있으며, 각 방식에는 법적 요건과 효력 차이가 있습니다. 민법에서 정한 다섯 가지 방식에 의하지 않은 유언은 법적 효력이 없습니다.

따라서 임종 직전에 상속인들을 모아 놓고 마지막 유언을 하였다고 하더라도, 법이 정한 방식에 따라 작성되지 않았다면 법적 효력이 없어, 유언자의 의사와는 무관하게 법정 상속분에 따라

상속이 이루어지게 됩니다. 또한 유언과 관련해서 실무에서는, 그 방식을 구비하였는지 여부를 매우 엄격하게 해석하기 때문에 사소한 요건 불비로 인해 유언의 효력을 인정받지 못하는 경우가 많고, 검인 등 추가적인 사후 절차를 밟아야 하는 경우도 있으며, 유언자 사망 후 상속재산을 둘러싼 상속인들 간의 분쟁 과정에서 유언장의 위·변조가 문제되는 사례도 많습니다. 이러한 이유로 전문가들은 가능한 공정증서에 의한 유언을 하는 것을 추천합니다. 유언장을 작성함으로써 자신의 재산 목록과 분배 계획을 구체적으로 정리하고, 상속을 받는 자와 받지 않는 자를 명확히 구분할 수 있으며, 분쟁을 예방할 수 있습니다.

반드시 요건과 절차를 갖추어 정식으로 작성하여 법적 효력을 갖도록 해야 합니다.

① 자필증서
- 유언자가 내용을 손으로 직접 작성하는 방법
- 가장 많이 사용되지만, 다음의 형식 요건을 충족해야 함

반드시 자필(손 글씨)로 작성 (*프린트, 대필, 타이핑 불가)
작성 연월일, 주소, 성명 기재, 날인(도장 또는 지장) 필수 (*사인은 무효)
내용이 명확해야 하며, 수정 시 본인 자필 서명과 날인 필요
사망 후, 검인절차 필요 (가정법원에 제출하여 유언서의 진정성 확인)
- 소송 가능성 있음 : 작성 요건이 까다롭지 않아 손쉽게 남길

수 있지만, 그만큼 소송 가능성도 높음 (뒷부분에 참고용 견본서식을 실어두었습니다.)

② 녹음
- 유언자가 내용을 말로 녹음하여 남기는 방식
- 직접 육성으로 유언 내용, 성명, 연월일을 명확히 녹음해야 하고 2인 이상의 증인 입회 필수(증인은 유언 내용의 정확성을 증명하며 자신의 성명을 녹음)
- 스마트폰을 이용해 손쉽게 녹음이나 동영상 촬영이 가능한 시대라, 많은 사람들이 영상 유언을 생각하는데, 현행 법률상 영상만으로 유언의 효력을 인정받기에는 한계가 있음 유의

③ 공정증서
- 법적 분쟁을 최소화할 수 있는 가장 권위 있는 방식
- 공증인이 이를 문서로 작성하여 공정증서로 남김: 유언자가 공증인과 2인의 증인 앞에서 구술
- 법원의 검인절차 없이 바로 효력 발생: 예금 인출, 부동산 상속 등 즉시 집행 가능함
- 단점: 공증 비용 발생, 증인 2인 필수

④ 비밀증서
- 유언의 내용을 비밀로 유지하고자 할 때 선택
- 유언자가 직접 작성(또는 타이핑)한 유언장에 서명한 뒤 밀봉하고, 증인 2명 앞에서 "이것이 나의 유언서"임을 밝힌 후, 증인들이 봉투 겉면에 그 사실과 날짜를 적고 서명 또는 날인

- 공증사무소나 법원에 제출해 확정일자를 받아야 유효함
- 단점: 절차가 까다롭고 요건을 모두 갖추지 못하면 무효가 될 수 있어, 실무에서는 드물게 사용

⑤ 구수증서 (긴급상황용)
- 긴급한 상황에서 예외적으로 허용되는 유언 방식: 사고, 재난, 급박한 생명의 위협 등 정상적인 유언이 불가능한 상태
- 유언자는 2명 이상의 증인 앞에서 구술(말)로 유언, 증인 중 한 명이 이를 기록한 뒤 유언자와 다른 증인에게 낭독하여 내용을 확인받고 서명 또는 날인
- 반드시 유언일로부터 7일 이내에 가정법원에 검인을 청구해야 효력발생
- 단점: 긴급상황이라는 점이 명확히 증명되지 않으면 유언은 무효로 판단될 수 있어, 실제 법적 효력을 인정받기는 매우 어려움

4. 상속

- 정의

사망한 사람(피상속인)의 재산(돈,집,빚 등)과 권리, 의무를 법률에 따라 상속인이 승계하는 것을 말합니다. 재산에는 자산뿐 아니라 빚(채무)도 포함되며, 상속인은 상속을 수락하거나 포기할 수 있는 권리를 가집니다.

- 상속 방식 세 가지 방식

① 단순승인
고인의 재산과 채무를 모두 상속하는 방식
② 한정승인
상속인이 받은 재산의 범위 내에서만 채무를 책임지는 방식
채무가 재산보다 많을 때 유리
③ 상속포기
재산과 채무를 모두 포기
처음부터 상속인이 아니었던 것처럼 되는 방식

- 주의할 점

상속재산 확인과 상속 방식 결정은 사망일로부터 3개월 이내에 해야 합니다.

3개월 안에 아무런 조치를 하지 않는 경우, 모든 재산과 빚을 함께 물려받는 '단순승인'으로 간주됩니다.

고인의 재산이 많다면 괜찮겠지만, 채무가 많은 경우라면 조심해야 할 부분으로 상속받을 사람의 입장에서는 남겨진 유산의 상태를 잘 살펴보고, 필요하다면 '한정승인'이나 '상속포기'를 서둘러 결정하는 것이 앞으로의 삶을 지키는 데 도움이 됩니다.

사례1: 채무가 더 많은 경우

A씨는 아버지의 유산이 아래와 같다는 사실을 확인했습니다.

아버지의 재산: 3천만 원

아버지의 채무: 1억 원

이대로 아무 조치 없이 상속을 받게 되면, A씨는 고인의 빚까지 전부 떠안아야 하는 상황이었습니다.

① 단순승인 선택

→ 상속재산: 3천만 원, 상속채무: 1억 원

→ 결과: 부모의 모든 빚까지 포함해 상속, 부족분 7천만 원은 A씨가 변제해야 함

② 한정승인 선택

A씨는 상속 개시일(사망일)로부터 3개월 이내에 '한정승인'을 신청

그 결과, 아버지가 남긴 3천만 원의 재산 안에서만 채무를 변제하게 되었고, 그 이상 남는 빚에 대해서는 책임지지 않아도 되는 법적 보호를 받았습니다.

→ 상속재산: 3천만 원, 변제한 채무: 3천만 원 내에서

→ 결과: 받은 유산 없음, 남은 빚도 없음

※ 한정승인 시 유의할 점

1) 공고절차: 가정법원에서 한정승인을 받은 후, 채권자 공고 절

차(2개월)를 거쳐야 함
2) 공고 기간 동안에는 고인의 재산을 인출하거나 처분해서는 안 됨 (예: 은행 계좌를 건드리면 절차가 무효 처리될 수 있음)
3) 법률상담 권장: 서류가 복잡하고 절차가 까다롭기 때문에, 실무에서는 법무사나 변호사의 도움을 받는 것을 적극 권장

> ③ 상속포기 선택
> → 고인의 재산과 채무 모두를 일절 받지 않음
> → 결과: 남는 것도 없고, 빚도 떠안지 않음

※ 상속포기 시 유의할 점
1) 상속은 '순위'로 이동
A씨가 상속포기를 하면, 상속권은 다음 순위 상속인에게 자동으로 넘어감
A씨가 외아들이라면 → 고인의 형제자매(삼촌, 고모 등)
형제자매가 없다면 → 그들의 자녀(조카)에게
이때 후순위 상속인이 이 사실을 모르고 3개월이 지나버리면, 본인도 모르게 상속인이 되어, 빚까지 상속받게 될 위험이 있습니다.
2) 상속포기를 결정할 땐, 가족 전체가 함께 판단하는 것이 중요. 후순위 상속인에게도 빠르게 상황을 알리고, 필요시 함께 포기 신청해야 함 단, 각 사람에게는 '사망 사실을 안 날'로부터 3개월 이내에 신청할 수 있음

(예: 고모가 6개월 뒤 사망 소식을 들었다면, 그때부터 3개월이 시작됨)
3) 상속포기를 하는 경우에도, 상속인 중 일부는 상속포기를, 나머지 상속인은 한정승인을 하는 것처럼 방식을 선택적으로 나누어 진행해야 하는 것이 매우 중요하므로, 망인 사망 후 상속인이 모두 모여 반드시 전문가와 상의를 한 후, 가장 적절한 방법을 선택하는 것이 좋습니다.

> **사례 2: 재산이 더 많은 경우**
> B씨는 아버지의 유산이 아래와 같다는 사실을 확인했습니다.
> 아버지의 재산: 1억 원
> 아버지의 채무: 5천만 원
> 이 경우 B 씨는 다음 중 하나의 상속 방식을 선택할 수 있습니다.
> ① 단순승인 선택
> → 아버지의 재산 1억 원과 빚 5천만 원을 모두 상속
> → 빚 5천만 원을 상환하고, 남은 5천만 원은 B 씨 몫
> ② 한정승인 선택
> → 아버지의 재산 범위 내에서만 빚을 상환
> → 동일하게 5천만 원을 변제하고, 남은 5천만 원을 상속받음

※ 방식의 선택 시 유의할 점
결과적으로 두 방식 모두 재산이 빚보다 많을 경우에는 같은 결

과입니다.

하지만, 한정승인은 혹시라도 숨겨진 빚이 나중에 발견되었을 때를 대비해 상속인의 법적 책임 범위를 제한해 주는 장점이 있습니다.

따라서 상속인이 빚의 규모를 정확히 알 수 없거나, 향후 추가 채무가 나올 가능성이 있다면, 한정승인이 더 안전한 선택이 될 수 있습니다.

상속방식	특징	결과	유의사항
단순승인	재산과 빚을 모두 상속	상속재산 + 채무 모두 책임	자동 적용 가능 (3개월 경과 시)
한정승인	재산 범위 내에서만 빚 변제	채무 변제 후, 남으면 유산상속	법원 신청 + 공고필요
상속포기	상속 일체 거부	유산없음, 빚 없음	후순위로 상속권 이동

5. 성년후견인제도

- 정의

성년후견인제도는 치매, 발달장애, 정신질환 등 정신적 제약으로 인해 사무 처리 능력이 부족한 성인에게 법원이 후견인을 지정해 재산 관리나 법률 행위를 도와주는 제도입니다. 스스로 판단하고 결정할 능력이 떨어진 경우, 그 사람의 권리와 재산을 보호하고 안정된 삶을 영위할 수 있도록 지원합니다.

상속인 등 이해 관계인의 신청에 따라, 당사자들의 합의에 의한 성년후견인을 지정하거나, 법원이 직권으로 성년후견인을 지정할 수 있으며, 이렇게 선임된 성년후견인에 의해 피후견인의 재산과 신상을 관리하게 됩니다.

또한 어느 경우에도, 법원은 성년후견 감독인을 선임하여 성년후견인의 업무를 관리 및 감독함으로 피후견인의 권리가 두텁게 보호되는 장점이 있습니다.

최근에는 피후견인이 치매 등으로 의사 결정 능력이 없고, 상속인들 간에 피후견인의 재산을 둘러싼 갈등이 있는 경우, 갈등을 정리하고 상속재산을 투명하게 관리하기 위한 목적으로 성년후견인 제도가 많이 활용되고 있습니다.

> **사례: 어머니는 의식불명, 아버지는 치매**
>
> C의 아버지는 몇 년 전부터 치매가 진행되어, 판단 능력이 떨어진 채 어머니의 돌봄에 의지해 생활하고 계셨습니다. 그러던 중, 어머니가 갑작스러운 뇌출혈로 쓰러져 의식불명 상태가 되었습니다.
>
> 어머니 명의의 통장에는 치료비로 사용할 수 있는 예금이 있었고, 아버지 통장에는 생활비와 간병비가 들어 있었지만, 두 통장 모두 자녀가 사용할 수 없었습니다.
>
> "가족인데 왜 통장도 못 쓰나요?" 라고 묻자, 은행에서는
> "법원에서 정한 후견인이 아니면 인출할 수 없습니다."는 답

> 만 돌아왔습니다.
> 결국 자녀가 병원비와 간병비를 대신 부담하게 되었고, 몇 달이 지나며 수천만 원에 이르는 지출이 발생했습니다.
> 세무서에서는 "부모에게 금전적으로 무상 제공한 것"이라며 증여세 부과 가능성을 안내했고, 이후 부모님이 모두 돌아가신 뒤에는 남아 있던 부모 통장의 예금에 대해 상속세까지 납부해야 하는 상황이 되었습니다.

- 자주 하는 오해 Q&A

Q. 그런데, 은행에서 부모님 상태(의식불명, 치매 여부)를 알 수 있나요?
통장, 도장, 비밀번호만 있으면 자식이 대신 인출할 수 있는 거 아닌가요?

A. 네, 겉보기에는 알기 어렵지만, 고액 인출, 계좌 해지, 타인 계좌 이체등의 경우에는 은행이 반드시 본인의 의사 확인 절차를 거칩니다.
특히 고령자나 입원 중인 고객의 경우, 위임장, 본인 통화, 신분 확인등을 통해 '정상적인 판단 능력'이 있는지를 확인해야 할 의무가 있습니다.
따라서 도장과 통장을 갖고 있어도 자녀가 부모 명의의 돈을 임의로 인출하는 것은 원칙적으로 불가하며, 자칫하면 불법 인출 또는 횡령 문제로 이어질 수 있습니다.

- 성년후견인 지정

위 사례의 경우, 만약 부모님이 판단 능력이 있을 때 미리 임의후견 계약을 맺거나, 가족이 법원에 성년후견인을 신청해 지정받았다면, 가족은 정당하게 부모님 통장의 돈으로 병원비를 낼 수 있고, 불필요한 증여세와 상속세의 이중 부담도 피할 수 있었을 것입니다.

- 왜 필요한가요?

고령화 사회가 되면서 치매 등 인지장애를 겪는 고령자나, 중증 장애가 있는 성인이 늘고 있습니다. 이들이 자신의 재산을 지키지 못하거나, 사기나 강요에 의해 불이익을 당하는 상황이 발생할 수 있어, 법적인 보호 체계가 필수적으로 요구되고 있습니다. 예를 들어, 치매가 심해진 아버지 명의로 누군가 부동산을 매도하려는 상황, 또는 계좌 관리, 계약 행위, 의료 결정 등에 실질적인 어려움이 생길 경우 후견인 지정이 반드시 필요합니다.

- 신청 방법

관할 가정법원에 신청

필요 서류: 진단서, 가족관계증명서, 재산 목록 등

경우에 따라 의사, 심리사, 사회복지사 등의 감정서가 함께 제출되기도 함.

법원은 심사를 거쳐 후견인을 지정하고, 역할 범위를 결정.

- 꼭 기억해야 할 것

통장 명의자가 의식이 없거나 판단 능력이 없을 경우, 공식적인 후견인으로 지정되지 않는 한, 가족이라도 돈을 인출할 수 없음. 자녀가 대신 돈을 내면 세법상 '증여'로 간주되어 세금이 부과될 수 있음.

사망 후에는 그 통장의 돈이 '상속재산'으로 간주되어 상속세 대상이 됨.

- 성년후견인 제도의 유형 세 가지

① 법정후견

이미 판단 능력이 현저히 떨어진 경우

가장 일반적인 방식

가족 등이 가정법원에 직접 후견인 선임을 청구

② 임의후견

정신 능력이 아직 있을 때, 미리 후견인을 지정

미래를 대비해 공증을 통해 계약

나중에 후견이 개시되면 법원이 감독

③ 한정후견 / 특정후견

판단 능력이 부분적으로 부족한 경우

일정 범위에서 후견인을 제한적으로 지정

- 추천방식: 임의후견 제도

임의 후견 사례

70세인 김 씨는 치매 가족력이 있어, 본인의 의사가 분명할

> 때 딸과 임의후견 계약을 공증으로 체결해 두었습니다.
> 3년 뒤 치매가 시작되자, 법원 심사를 거쳐 딸이 정식 임의후견인으로 활동하게 되었고, 병원비 처리와 복지 계약 등을 원활히 진행할 수 있었습니다.

장점: 성년후견인제도 중 아직 건강할 때, 미래에 판단 능력이 떨어질 상황을 대비해 미리 후견인을 정해둘 수 있음.
방법: 본인의 의사 결정 능력이 있을 때 공증 사무소를 통해 후견인 계약 체결.
실제로 후견이 필요해지면 법원이 심사 후 '후견 개시' 결정.
이후 후견인은 법적 권한에 따라 재산 관리 및 돌봄 결정 가능.
주의: 임의후견은 판단 능력이 남아 있을 때만 체결할 수 있으므로, 미리 준비하는 것이 중요.

♣본 글의 법률적 내용은 법무법인 청와 대표변호사 김준동님의 법률 자문을 받아 확인·검토하였습니다.

■ 호스피스·완화의료 및 임종과정에 있는 환자의 연명의료결정에 관한 법률 시행규칙 [별지 제6호서식] <개정 2023. 7. 31.>

사전연명의료의향서(견본)

※ 색상이 어두운 부분은 작성하지 않으며, [ ]에는 해당되는 곳에 √표를 합니다. (앞쪽)

등록번호		※ 등록번호는 등록기관에서 부여합니다.	
작성자	성 명		주민등록번호
	주 소		
	전화번호		
호스피스 이용	[ ] 이용 의향이 있음		[ ] 이용 의향이 없음
사전연명의료의향서 등록기관의 설명사항 확인	설명사항	1. 연명의료의 시행방법 및 연명의료중단등결정에 대한 사항 2. 호스피스의 선택 및 이용에 관한 사항 3. 사전연명의료의향서의 효력 및 효력 상실에 관한 사항 4. 사전연명의료의향서의 작성·등록·보관 및 통보에 관한 사항 5. 사전연명의료의향서의 변경·철회 및 그에 따른 조치에 관한 사항 6. 등록기관의 폐업·휴업 및 지정 취소에 따른 기록의 이관에 관한 사항	
	확인	[ ] 위의 사항을 설명 받고 이해했음을 확인합니다.	
환자 사망 전 열람허용 여부	[ ] 열람 가능	[ ] 열람 거부	[ ] 그 밖의 의견
사전연명의료의향서 등록기관 및 상담자	기관 명칭		소재지
	상담자 성명		전화번호

본인은 「호스피스·완화의료 및 임종과정에 있는 환자의 연명의료결정에 관한 법률」 제12조 및 같은 법 시행규칙 제8조에 따라 위와 같은 내용을 직접 작성했으며, 임종과정에 있다는 의학적 판단을 받은 경우 연명의료를 시행하지 않거나 중단하는 것에 동의합니다.

작성일　　　　　년　　월　　일
작성자　　　　　(서명 또는 인)
등록일　　　　　년　　월　　일
등록자　　　　　(서명 또는 인)

엔딩노트

자필증서에 의한 유언증서

자필증서에 의한 유언증서

유 언 자   ○ ○ ○
　　　　　19○○년 ○월 ○일생
　　　　　등록기준지 ○○시 ○○구 ○○길 ○○
　　　　　주소 ○○시 ○○구 ○○길 ○○(우편번호)
　　　　　전화 ○○○ - ○○○○

유 언 사 항

1. 나는 다음과 같이 유언한다.
　(1) 재산의 사인증여(민법 제562조 계약임, 등기원인은 "증여"가 된다) 또는 유증(민법 제1073조 단독행위임, 등기원인은 "유증"이 된다)에 관하여,
　　　○○시 ○○동 ○○번 대지 ○○㎡는 이를 상속인 중 장남 □□□(주소:　　생년월일 :　　)에게 증여하고,
　　　○○시 ○○동 ○○번 대지 ○○㎡와 동 지상 철근 콘크리트조 슬라브지붕 1층 주택 건평 ○○㎡는 차남 □□□(주소: 생년월일:　　)에게 증여하고, 이 사인증여(또는 유증)는 나의 사망으로 인하여 효력이 발생한다.
　(2) 유언집행자의 지정에 관하여
　　　위 사인 증여계약(또는 유증)의 이행을 위하여 유언집행자로 ◇◇◇(주소:　주민등록번호:　　)를 지정한다.

　　　　　작성일자 서기 20○○년 ○월 ○일
　　　　　유 언 자 성명 ○○○　(인)

자필 유언장 작성해보기

작은 족보
세상의 딸, 아들에게
나의 자녀에게

작은 족보

요즘은 성인자녀가 부모님의 정확한 나이나, 조부모님의 성함을 모르는 경우가 많다고 합니다. 이 기회에 우리 가족만의 '작은 족보'를 만들어 보세요.

부담 없이, 간단한 정보부터 차근히 채워보면 됩니다.
기억하고 싶은 모습이나 작은 에피소드가 있다면 함께 적어 두면 좋습니다.
복용 중인 약과 가족력 관련된 질환 정보도 포함해 주세요. 이런 기록은 단순한 목록이 아니라, 유전적 특성을 염두에 두고 건강한 삶을 지키기 위한 중요한 자산이 됩니다. 예를 들어, 난청은 자녀 중 일부에게 유전될 수 있으며, 당뇨, 심혈관 질환, 암 등도 유전적 영향이 큰 편입니다. 미리 알고 평소에 조심하면서 살아가는 것만으로도 큰 도움이 되지요.

이렇게 남겨둔 가족의 기록은 단순한 정보 그 이상입니다. 세대를 넘어 이어지는 '건강한 유산'이자 서로의 삶을 이해하는 또 하나의 연결고리가 될 것입니다.

가족정보기록

1. 할아버지

성함

고향 / 출생연도 / 돌아가신 해

형제자매 및 관계(예: 3남 2녀 중 장남)

건강 및 병력(예: 당뇨, 고혈압, 난청 등)

하시던 일

남기고 싶은 모습(성격, 외모 특징, 기억에 남는 말 등)

2. 할머니

성함

고향 / 출생연도 / 돌아가신 해

형제자매 및 관계

건강 및 병력

하시던 일

남기고 싶은 모습

3. 외할아버지

성함

고향 / 출생연도 / 돌아가신 해

형제자매 및 관계

건강 및 병력

하시던 일

남기고 싶은 모습

4. 외할머니

성함

고향 / 출생연도 / 돌아가신 해

형제자매 및 관계

건강 및 병력

하시던 일

남기고 싶은 모습

5. 아버지
성함

고향 / 출생연도 / 돌아가신 해

형제자매 및 관계

건강 및 병력

하시던 일

남기고 싶은 모습

6. 어머니
성함

고향 / 출생연도 / 돌아가신 해

형제자매 및 관계

건강 및 병력

하시던 일

남기고 싶은 모습

7. 자녀
태어난 년월일시
태어난 곳
태몽

오랜 시간을 함께해온 반려동물이나, 마음으로 맺은 가족이 있다면 그 이름도 꼭 남겨보세요. 기억은 따뜻한 방식으로 오래 남는답니다.

세상의 딸, 아들에게

너를 처음 품에 안았던 날을 또렷이 기억해.
울음소리가 가슴에 내려앉던 순간, 세상도 잠시 숨을 멈췄단다. 그 경이로운 떨림 속에서 우리는 부모가 되었지.

반짝이는 눈을 마주하고, 작고 귀한 손을 꼭 잡고 함께 걷던 시간들.
짧은 하루는 늘 너로 가득했어.
때론 서툴고 어설펐지만, 사랑하는 마음만큼은 처음부터 완전했단다.
부모가 된 우리는, 넘어지고 돌아가기도 하며 참 많이 흔들렸었지. 하지만 너와 함께 자라며 서로를 지켰고, 견디는 법도 배워갔단다.

어린 부모, 부족한 부모, 서로에게 상처 주고 방황하던 부모.
부모의 모습은 참 많지만,
매일이 처음이였던 부모.

그 안에는,
목숨조차 기꺼이 내어줄 수 있는, 가늠하기 어려운 크고 깊은 사랑이 있었단다.
그 마음으로, 우리는 언제나 너의 곁에 머물렀지.
처음 발걸음을 떼던 날부터 지금까지, 넘어지는 순간마다 세상에서 가장 조용한 기적처럼, 보이지 않는 손으로 너를 받쳐주었단다.
언젠가는 알게 될 거야.
너의 걸음 하나하나에 '부모'라는 기적이 얼마나 조용히, 얼마나 깊이 곁에 머물러 있었는지를.

소중한 아들아, 딸아.
세상에는 미리 알 수 없는 순간들이 있단다.
언젠가 우리가 곁에 없는 날이 오고, 그리움이 문득 너를 멈춰 세우거든 그때, 이 책을 조용히 펼쳐보렴.

마음이 저릴 때, 누군가의 손을 꼭 잡고 싶은 날,
책 속의 한 글자 한 글자가 오래된 엄마 아빠의 향기로 남아 따뜻하게 감싸주었으면 좋겠구나.

부모는 날마다 자신의 시간을 조금씩 잘라 자식의 내일로 건네주는 존재란다.
매일을 주며 조금씩 늙고, 조금씩 사라지지.
이제는 마지막을 생각하며 살게 되었고, 앞으로의 어느 날은 네 이름조차 더듬게 될지도 모른단다.

하지만 모든 날이 너를 위한 사랑으로 가득했었다는 것만은, 부디 기억해 주길 바란다.
우리는 너보다 먼저 살아왔지만, 너를 만나고 나서야 비로소 삶의 깊이를 알게 되었고, 그 시간이 얼마나 찬란하고 고마운 것이었는지, 이제야 깨닫게 되었단다.

세상의 어떤 자식도 부모의 시간을 앞질러 살아갈 수는 없단다. 언젠가 지금의 우리 나이가 되어 사랑을 되짚게 되었을 때, 너의 마음에 후회가 아닌 따뜻함이 남기를 바란다.

그저, 모든 것을 다 주고 떠나는 순간마저도 부모는 자식의 마음이 평온하기를 바라기에…
지금, 사랑을 망설이지 말고 마음을 표현하며, 함께할 수 있는 이 시간을 무심히 흘려보내지 않기를 바란다.

세상의 수많은 선택지 가운데
나에게 와주어 고맙다.
너여서 참 다행이었고,
너라서 끝내 감사했다.

사랑한다.

나의 자녀에게

나의 자녀에게

Epilogue

이제 이 책은 완성되었을 거라 생각합니다.

처음엔 불완전했지만, 여러분이 채워 주신 소중한 삶의 조각들 덕분에 꽤 괜찮은 책이 되었으리라 믿습니다.

온전하지 않기에, 더 다정하게 이어지는 것이 사람 사이의 이야기겠지요. 지금까지도 곁에 있는 소중한 이들이 서로의 부족한 부분을 채워주며 아름답고 따뜻한 삶을 만들어왔듯, 책의 빈칸 또한 여러분의 경험과 지혜로 더 깊어지고, 다정하게 채워졌을 거라 믿습니다.

그래서 미리 감사드립니다.

이런 소중한 기회를 제게 주셔서요.

비록 얼굴을 마주할 수는 없지만, 글을 쓰는 동안 책을 읽고 또 함께 써 내려갈 다른 평범한 부모님들을 늘 떠올렸습니다. 마음속 이야기를 조금 더 쉽게 꺼내고, 진심을 담아 사랑하는 자녀에게 전할 수 있도록 도움이 되고 싶었습니다.

그 마음이 쌓여 책이 되었고, 바로 그것이 이 책이 지닌 가장 의미 있는 힘, 선한 영향력이라 믿습니다.

이 한 권이 그저 책으로 머무는 것이 아니라, 각자의 집 책장에 자리 잡고 세대를 거쳐 간직되는 마음의 유산이 되기를 소망합니다.

지나온 시간을 진지하게 돌아보고, 내 안의 상처를 조용히 마주하며, 조금씩 정화되고 치유되는 경험.
이 모든 것이 글을 쓰며 얻은 선물이었습니다.
여러분에게도 이 시간이, 삶의 어느 지점에서 한 번쯤 필요한, 성찰의 시간이 되기를 바래봅니다.

"과연 내가 할 수 있을까?" 망설일 때마다
"뭐든 할 수 있어!" 하고 든든하게 응원해 준 남편에게, 그리고 이 모든 이야기를 시작하게 해 준 일기장의 주인공, 사랑하는 부모님께도 진심으로 감사드립니다.
엄마의 글을 기꺼이 읽어주고 조언을 아끼지 않았던 이 책의 주인, 소중한 아들에게도 마음을 전합니다.

부모의 사랑이 고스란히 담겨 있는,
"평범하지만 가장 위대한 유산"

이 책을,
사랑을 주고받으며 살아가는
모든 부모와 자녀에게 바칩니다.

thank you

이어 쓰는, 마음 흔적

이어 쓰는, 마음 흔적

아들아 딸아

오늘도

 밥 잘 챙겨 먹고

 아프지 말고

 차 조심하고

 행복한 하루 보내렴

이어 쓰는, 마음 흔적

초판 1쇄 발행 | 2025년 12월 15일
지은이　　　| 변수아
펴낸곳　　　| 마음연결
기획 편집 | 김영근
디자인 | 변수아

ISBN | 979-11-93471-60-9
가격 | 20000

주소 | 경기도 수원시 팔달구 인계로 120 스마트타워 604
이메일 | nousandmind@gmail.com

※저작권법에 의하여 보호를 받는 저작물이므로 무단으로 복사, 전재하거나 변형하여 사용할 수 없습니다.